世界名人传记译丛

太阳王

默多克和他的传媒帝国
The Sun King: Rupert Murdoch In His Own Words

(美)乔治·比姆 著 于海生 译

华夏出版社
HUAXIA PUBLISHING HOUSE

传媒大亨鲁珀特·默多克

1969年10月4日，默多克与第二任妻子安娜及他们的女儿伊丽莎白

1999 年 6 月，68 岁的默多克娶 31 岁的邓文迪为妻

2003年11月9日，美国纽约，默多克和妻子邓文迪及二人的大女儿格瑞丝

2005年2月27日，美国加利福尼亚，默多克与第三任妻子邓文迪

2008年11月24日，美国纽约，默多克和妻子邓文迪出席澳大利亚电影首映礼

2011年2月6日，邓文迪与她的两个女儿站在超级碗的球场上合影

2012年7月14日，默多克和妻子邓文迪

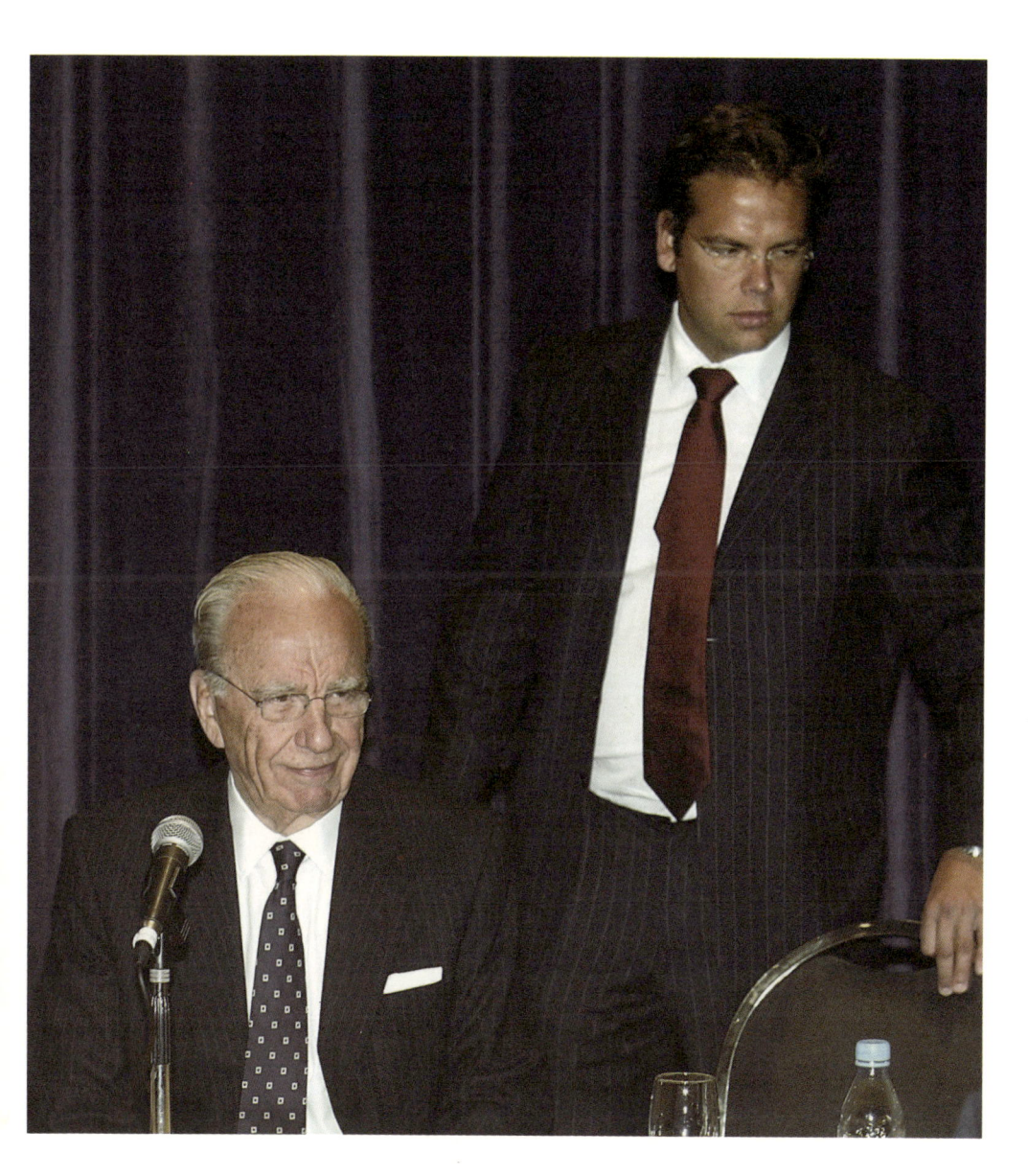

2003年10月15日，澳大利亚，默多克（左）和长子拉克兰·默多克（右）

2011年7月19日，伦敦，默多克（右）及其二儿子詹姆斯·默多克（左）接受英国议会议员们的质询

2014年6月26日，伦敦，《世界新闻报》主编丽贝卡·布鲁克斯因窃听丑闻发表声明

2011年7月10日，新闻集团主席默多克（中）与《世界新闻报》主编丽贝卡·布鲁克斯（左）

[本书内文及封面图片由汉华易美（天津）图像技术有限公司提供]

当你为鲁珀特·默多克工作时，你不是为一个公司董事长或首席执行官工作，你是在为一个太阳王工作。你不是一位董事、经理或者编辑，你是太阳王宫廷的一个侍臣——你只要执行了那个王的目标，他就会出于感激之情赐予你金钱和地位；假使你不再让他感到满意或者不再有用，你就会立即被解雇，或被降职到这个帝国某个偏远的角落。

所有的生活都要以太阳王为核心，所有的权威都来自于他。他是那个唯一要求你必须对其忠诚的主人，他期待他的工作指令是决定性的。除了他以外，其他任何权威都无关紧要。他是这个帝国唯一的标杆，各个岗位上的所有重要人物，都要向他直接报告……

总而言之，太阳王才是至高无上的。

——《曝光》杂志，1996

目 录 CONTENTS

第1章　鲜为人知的故事：默多克的私生活　001

第2章　政治博弈者和财富大师　015

第3章　传媒帝国　033

第4章　一个长于谋略的传媒大亨的思考　067

第5章　他给整个互联网带来的影响　101

第6章　声明与政治　123

第7章　电话窃听　141

第8章　默多克与邓文迪　159

第9章　大事年表　173

译后记　187

第1章

鲜为人知的故事：默多克的私生活

第1章
鲜为人知的故事：默多克的私生活

关于在吉隆文法学校[①] 被排挤的记忆

我在学校感到很孤独，这可能是因为我父亲所处的地位的缘故。当时我经常受欺负……它让我意识到，如果你想要让自己成为一个出版商或者媒体负责人，你就必须保持一种特立独行的品格，同时要远离一切可能会危及个人前途的所谓的密切友谊。我认为，我就是在那时形成了这一理念的。

——《默多克：一个媒体帝国的塑造者》，1997年

[①] 位于澳大利亚维州第二大城市吉隆周边的科里奥镇旁边，拥有一片独立的靠近海湾的校园。该校建校已有一百五十余年，是澳大利亚最好的私立学校之一。——中译者注（以下脚注均为中译者注，再不另行注明。——编者）

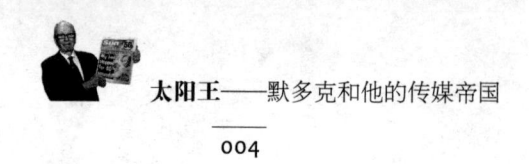

关于他的父亲

当我21岁时,他就去世了,所以我从来没有机会在他身边工作。这是一件很辛苦的事情。不过,我看到过他工作。在我十来岁的时候,我经常会在周六上午进入报社并看他如何工作。在墨尔本,阅读周六晚上的大报绝对是一件大事。当时,除了想办报纸,我从未想过去做别的事情。

——《时尚先生》在线杂志,2008年9月11日

我只想说,我是由一个并不很富有的父亲抚养长大的,但是他是一名出色的新闻工作者,而且就在他去世之前,他买下了一家小报,并且十分明确地在他的遗嘱中说,他是在给予我一个可以发挥用武之地的机会。我记得他做过什么,而且最让他引以为荣同时也让他多年来被这个国家的许多人所痛恨的,就是他披露了当年发生在加利波利①的丑闻。这也是我至今仍然感到非常非常骄傲的事情。

——向文化、媒体和体育委员会提供口头证词的原始记录,2011年7月19日

---

① 在土耳其达达尼尔海峡北侧的一个地区,在第一次世界大战前,那里发生了一次重要战役。许多澳大利亚和新西兰士兵空降到海岸地区,并被驻守在那里的归属同盟国阵营的土耳其士兵所杀害。

第1章
鲜为人知的故事：默多克的私生活

关于作为一个"两极化"的公众人物

我可能会走进喧闹的餐馆，如果他们认识我的话，整桌的人都会站立鼓掌，因为他们喜欢"福克斯新闻"。与此同时，换成在其他地方——甚至就是在同一个地方——人们也可能会把头扭到一边，对我不予理睬。然而，这没关系。原因很简单，既然你经营一家媒体公司，你就得挥动批评的大旗。你需要披露人们不希望披露的事情，因为你觉得它符合公众利益。你会因此而得罪人。你会受到各种批评，但你必须学会接受它。你只能耸耸肩，对此表示不屑。

——《时尚先生》在线杂志，2008年9月11日

关于长生不老

我当然希望长生不老了。我觉得活着很有乐趣。

——纽约媒体峰会，2007 年 2 月 8 日

第1章
鲜为人知的故事：默多克的私生活

关于做一个正常人

人们把我妖魔化，认为我比真实的我更不可思议。你知道，我是一个还算正常的人。我不是在过那种野生生活或者别的什么。我的兴奋点就是日常工作，仅此而已。

——《时尚先生》在线杂志，2008年9月11日

关于他的技术缺陷

我希望我是一个科学家，比如是一个物理学家。有太多我需要知道的事情了，我最大的挑战是，如何在这方面获得最好的教育。

——《诸神之战》，2003年

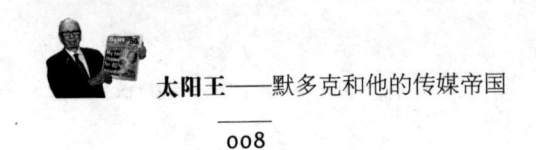

关于不断向前迈进

  只要我的大脑还能保持清醒——充满好奇心，渴望探究——我就要坚持下去。我爱我的妻子和孩子们，但我不想整天坐在家里守着他们。我们会去户外狩猎，或者做诸如此类的其他事情。我每年会花上几周时间去做这样的事情。我还没有想过终止这一切而去为死亡做准备。大约在六七年前，有人劝我写一本自传，我说，好吧，那我就试试吧！

  我们把谈话内容录到一台录音机上，过了几个月，我说去他的吧，这太叫人郁闷了，就像是说"你的好日子到头了"。我更感兴趣的，是在第二天或者在下周会发生什么。

——《时尚先生》在线杂志，2008年9月11日

第1章
鲜为人知的故事：默多克的私生活

关于他的遗产

我真的不担心历史书会怎么写，就让它顺其自然吧！如果他们回过头去阅读有关我的一切文字记载，并使用夸大其词的故事作为资料来源，那么我就会被看作是一个相当可怕的人。事实上，我认为我是这样一个人——只想带着良心离开人世，希望在临死前感到问心无愧，因为我为这个世界做过善事……我希望有这样一种感觉，那就是，我在这方面起过作用。

——《名利场》，1999年10月

关于与他的子女一道工作

最让我引以为荣的事情是，我总有非常强的职业道德感，我觉得我的孩子们也是如此。和孩子们一起工作，是我一生中最大的乐趣。

这太美妙了，假如他们会偶尔听你的话。

——《时尚先生》在线杂志，2008年9月11日

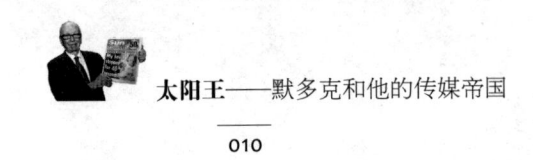

关于他的儿子们

当我回过头去想这一切的时候,我希望我当时有更多的时间陪伴我的孩子们。记得有一次我带着两个儿子在阿斯彭山①区作了三四天的徒步旅行。我记得当时的每分每秒,他们也是如此。我当时真应该做更多诸如此类的事。

——《时尚先生》在线杂志,2008年9月11日

---

① 位于美国中西部的科罗拉多州,西临落基山脉,因滑雪场而著称,是一个非常知名的富人居住区和度假胜地。

第1章
鲜为人知的故事：默多克的私生活

关于裙带关系

让我说说当时的情况吧！当英国天空广播公司负责人一职出现空缺时，有好几个人提出申请，包括我的儿子。他不仅仅通过了董事委员会的考察，也通过了包括外部专家等在内的各种考察。他们得出的结论是：他是合适的人选。媒体全都大肆炒作。当他离开时……（因为）我让他承担了更大的责任，这时我们接到所有的大股东——或者是许多大股东——的电话，说把他调走是一件可怕的事情，因为他的工作做得太出色了。

——向文化、媒体和体育委员会提供口头证词的原始记录，2011年7月19日

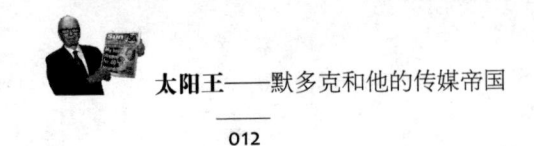

关于他的女儿伊丽莎白的教育

当伊丽莎白告诉默多克,她如愿地被斯坦福大学商学院录取的时候,他的反应是:你到底是不是疯了?不,你没疯,但是你知道,我能够给你的人生 MBA(工商管理硕士)教益,要比斯坦福的任何人能够给你的都好得多。来为我工作吧!

——《名利场》,2008 年 12 月

关于将澳大利亚作为他的根基

我认为,不管你们认为我的孩子多么出色,除了运气因素之外,还有一个相当重要的因素,那就是我没让他们在英国公立学校系统接受教育,因为我觉得假使那样,他们可能永远都无法摆脱旧式学校的作风。如果(我的孩子)想要一辈子和报纸打交道,如果他们决定选择那样的人生,那么澳大利亚比我所能想到的其他任何地方都能为他们的成长提供更好的价值观。

——《默多克:一个媒体帝国的塑造者》,1997 年

第1章
鲜为人知的故事：默多克的私生活

关于他的第二次婚姻的破裂

我不想陷入这样的局面，可是它在一段时期以后还是发生了，而且愈演愈烈……这些事情永远没有什么黑白之分，永远都是各种灰色混合物。这些事情总会让你感到难过，但你只能继续生活下去。你会经历一个非常糟糕的、充满复杂情绪和自我怀疑的时期，但这就是事实。

——《名利场》，1999年10月

关于他的情感的孤独

在他的第二次婚姻破裂以后，他的母亲曾经警告他："你会非常非常孤独，第一个觊觎你的女人就会把你拿下。"他的回应是："那太可笑了，妈妈，我太老了，那种事不会发生在我身上。"

——《名利场》，2008年10月

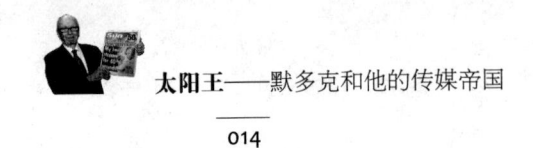

关于邓文迪

他对加里·戴维（新闻集团旗下的星空卫视的首席执行官，正是加里把他介绍给了后来成为他第三任妻子的低级职员邓文迪）这样说："你可能会想知道，为什么邓文迪假期结束还没有回来。是这样的，她跟我在一起，而且她很可能不会再回到星空卫视了。"

——《名利场》，2008年12月

他在与孩子们的一次谈话中如是说：我就想告诉你们……呃……呃……啊……我认识了一个漂亮的中国女人。

——《名利场》，2008年12月

哦，是的，她很强势。成功的男人需要一个厉害的妻子，这会使他脚踏实地。

——newser.com，2011年7月22日

第 2 章
政治博弈者和财富大师

第 2 章
政治博弈者和财富大师

关于总统小布什和伊拉克战争

　　我们现在不能退缩。我认为布什现在所做的事情合乎道义，非常正确，而且我认为他会坚持到底。事实上，这个世界的确有很多人接受不了这样的概念，那就是，美国是世界上的超级大国。

　　他要么作为一个非常伟大的总统而被载入史册，要么一败涂地。前者将以 2∶1 的比例胜出，我对这一点很乐观。布什已经震惊世人了。与他刚刚当选时相比，如今甚至就连他的对手都对他有了更多的尊重。人们都感觉到，他是一个有着出色的性格、深刻而又谦逊的男人。

——英国《卫报》，2003 年 2 月 11 日

关于巴拉克·奥巴马

　　关于那个时任参议员的人所参与的总统选举活动：他是个摇滚明星，这真是妙不可言。我非常欣赏他有关教育的言论……我渴望见到他，我想看看他是否会有更出色的表现。

——huffingtonpost.com，2008年5月29日

　　奥巴马的麻烦在于，他认为他能够完成一次非凡的演说——他是一个伟大的演说家——而且他能够做到这一点。但是，这改变不了什么。他不会听任何人的意见。就在前几天，他邀请（纽约市）市长布隆伯格去玛莎葡萄园岛①打高尔夫球。布隆伯格说，总体而言，那是令人愉快的一天。他在谈话中（对奥巴马）说了一些想法……他说，那就像是在打嘴上乒乓球。他回来后说，"我一生从未见过如此傲慢的男人"。

——《金融评论》，2010年11月5日

---

① 位于美国东北部科德角以南马萨诸塞州海岸附近的一座岛屿。那里因聚集众多作家、艺术家以及夏季旅游者而知名。

第 2 章
政治博弈者和财富大师

关于奥巴马推行的大政府计划：我认为，巴拉克·奥巴马会形容自己是务实的左派，但不是一个极端的人。我认为，他会把自己视为一个推动变革的总统，而这包括组建一个规模更大的政府。他毫不掩饰这一点。我认为这很危险。

——huffingtonpost.com，2009 年 7 月 7 日

奥巴马把自己的命运同硅谷赞助商连在一起，而那些赞助商总是以盗版和普通偷窃的名义威胁所有的软件创造者。

——推特网站，2012 年 1 月 15 日

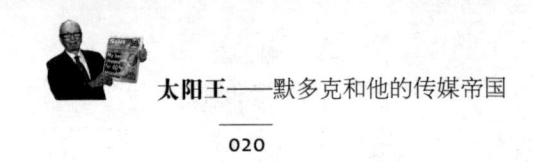

关于作为总统候选人、时任参议员的
希拉里·克林顿

我只想说，她是一个很有分量、很睿智的女士，她非常精明。我觉得不幸的是，她有一点点分裂。人们会担心："哦，上帝，又要来一个克林顿式的八年！"她很倾向于左派……这是毫无疑问的。但在外交政策、社会事务以及国防方面，我其实并不太担心她。如果有什么问题的话，她可能会不遗余力地修补她的形象。和她的丈夫相比，她显然强悍很多，她更有手腕，也更加出色。（笑）我不是在谈对外政策，我是指国防。

——纽约媒体峰会，2007年2月8日

第 2 章
政治博弈者和财富大师

关于作为总统候选人的前众议院议长纽特·金里奇

我很想见到的那个人正在为此努力……我不知道他能否获胜,但我很乐意见到他,因为他不可思议地提升了整个辩论的层次,他就是纽特·金里奇。我认为他在那一刻是最出色、最风趣的人。

不是说他会成为最好的总统,我只是觉得,他会让整个基础教育变得非常非常有趣,而且也会正规得多。

——纽约媒体峰会,2007 年 2 月 8 日

关于作为总统候选人、时任纽约市市长的迈克尔·布隆伯格

他可以打造出一个干净的、高效的政府……他会是一个十分有趣的候选人,一个十分能干的首席执行官。你不可能为这个国家找到一个比他更有能力的首席执行官……我只是觉得,他在纽约所做的工作非常出色,并且你知道,他是一个真正的公仆。他赚了很多钱,数额庞大,多得超乎想象,他现在想的就是如何把它们用之于民。他是一个真正令人钦佩的人。

——纽约媒体峰会,2007 年 2 月 8 日

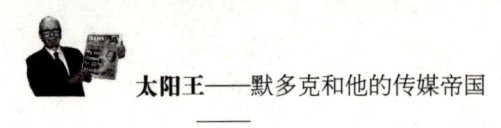

关于总统候选人的亚利桑那州参议员约翰·麦凯恩

麦凯恩是我的朋友,他是一个爱国者,但他难以捉摸。他似乎对经济了解得不多。他在美国国会呆过很长一段时间。你要是在那里上班,就必须做出很多妥协。那么,他到底为谁说话呢?……我觉得他有很多问题需要解决。

——huffingtonpost.com,2008年5月29日

关于美国有线电视新闻网评论员格伦·贝克

福克斯有一个从美国有线电视新闻网起步的名叫格伦·贝克的家伙,他有点儿像演员,始终看着摄像机。他很真诚,博览群书,还是一个自由意志论者,他毫不掩饰这一点。他说他不信任政府,不信任我,只是信任他自己。他触动了人们的神经,至少有数百万人在下午五点钟看他的节目。

——《金融评论》,2010年11月5日

第 2 章
政治博弈者和财富大师

关于保守派的福克斯新闻主播比尔·奥雷利

比尔·奥雷利邀请希拉里·克林顿做节目,他居然就让她那样轻松过关了,真叫人无法接受。我们正在狠狠教训美国有线电视新闻网。[1]

——《金融评论》,2010 年 11 月 5 日

---

[1] 作为新闻集团的下属集团,福克斯电视新闻网除了在观众总人数及收视率方面超过美国在线—时代华纳旗下的美国有线电视新闻网以外,也是电视行业盈利能力最强的电视网之一,员工人数只有一千多人,而其竞争对手美国有线电视新闻网则有四千多名员工,但前者的业绩仍然超过了后者。

关于那本广受好评的《乔布斯传》

（作者：沃尔特·艾萨克森）

有趣，但不公平，

乔布斯[①]的家人必定会痛恨。

——推特网站，2012年1月3日

[①] 史蒂夫·乔布斯，1955年生于美国加利福尼亚州旧金山，美国发明家、企业家、苹果公司联合创办人。2011年10月5日，乔布斯因胰腺癌病逝，享年56岁。

ID# 第 2 章
政治博弈者和财富大师

关于传媒大亨特德·特纳[1]

我们是好朋友，我在他的牧场住过，我们聊过各种舆论报道和其他的一切。然后，在我说我要开办一个新闻频道约一周后，他把这件事说出去了。其实，那只是我在参加波士顿的一个商务午宴时随意说的一句话，他显然是夸大其词了。我们从未说过我们会把这件事做下去，我们只是说会看看再说，会谨慎从事，但实际上并没有为这件事花时间。我对我们共同的朋友也说过，那就是说着玩儿的，我们真的是好朋友。但他们却说，不不不，你不了解，他真的恨你。

——《默多克的新世纪：一个媒体帝国的数字化改造》，2002 年

---

[1] 特德·特纳是全美最大的有线电视新闻网——美国有线电视新闻网——的创办者，他开创了世界上第一个全天候 24 小时滚动播送新闻的频道，也是世界上最早出现的国际电视频道。他是 1991 年《时代》周刊年度风云人物，2001 年担任美国在线—时代华纳的副董事长。

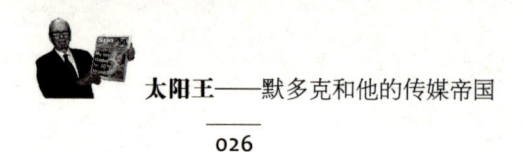

关于卡米拉门①

  默多克的发言人代表默多克,针对刊登在《新思路》②上根据非法录制的查尔斯王子与其已婚情妇卡米拉·帕克·鲍尔斯(现在是妻子)之间谈话的文字记录所引发的丑闻而发表的一份公开声明:(他)没有任何关于购买那盘磁带的谈判知识,也不是说《新思路》就有相关的谈判知识,或是如何刊登它的知识。他倒是希望他有这方面的知识……有关他对(出版)公司之间"串通或阴谋"感兴趣的任何暗示,都是完全没有根据的。

——《悉尼先驱晨报》,2011年7月31日

---

① 1992年底,据称是查尔斯与卡米拉的秘密电话录音意外公之于世,他们的绯闻也开始成为世界各大媒体的头条新闻。

② 由《太平洋杂志》出版的一本以女性为主要读者群的澳大利亚周刊。

第 2 章
政治博弈者和财富大师

关于英国前首相玛格丽特·撒切尔

所以，我请诸位和我一起举起酒杯，来向一位女士致敬：……玛格丽特·撒切尔……她的名字已经成为"自由"和"力量"的代名词。今天晚上，我不仅仅是以玛格丽特·撒切尔的一个崇拜者的身份在讲话，更是一个满怀感恩的人在讲话，因为这个国家给了我那么多机会，她为英国每一个人都创造了这样的机会……多年来，"撒切尔主义"一词总是被随意使用，有时候甚至被当作贬义词。然而，对于我们所有在这里的人来说，"撒切尔主义"一词就是灵感之源。

——英国《卫报》，2010 年 10 月 21 日

关于撒切尔拒绝支持里根总统在 1983 年入侵格林纳达[①]：她当时失去了理智。我不知道她是怎么想的，我只是觉得她是疲劳过度了。我知道这听起来很愚蠢，但我觉得那样做是非常人性化的……她已经喘不过气来了，她不听任何朋友的劝告。

——《傲慢的澳洲佬：鲁珀特·默多克的故事》，1985 年

---

① 格林纳达是西印度群岛中向风群岛南部的一个国家，现为英联邦成员国之一，位于东加勒比海向风群岛最南端。1983 年 10 月，隶属于英联邦的格林纳达政府内亲苏联和古巴一派发动政变，处决了总理毕晓普。1983 年 10 月 25 日，出于对局势的担忧，美国以保护居住在该岛的上千名美国人安全为由，在未警示最亲密盟友英国的情况下入侵格林纳达，招致英国、加拿大等国的抗议。

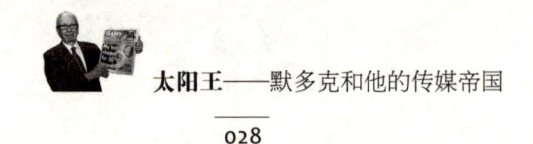

关于英国前首相托尼·布莱尔

去年我们帮助了堪培拉①的工党政府，我甚至可以考虑支持托尼·布莱尔。

——英国《独立报》，1998年2月11日

如果英国媒体可以信任的话，今天的一切都会是布莱尔－默多克调情的产物。如果那种调情过程被不断完善，托尼，我想我们到头来就会像两只豪猪一样做爱——那得非常小心。

——英国《独立报》，1998年2月11日

鲁珀特·默多克对托尼·布莱尔的基本描述：……（他有一只）小狗，某公司年轻律师的形象。

——英国《独立报》，1998年2月11日

关于托尼·布莱尔和BBC（英国广播公司）：托尼·布莱尔——也许我不应该重复那次谈话——昨天告诉我说，他上周在新德里，他打开了BBC的"全球服务"频道，想要看看新奥尔良的最新情况（卡特里娜飓风刚刚过去）。他说，内容全都是对美国的痛恨，以及对我们所经受的不幸的幸灾乐祸。那就是他的政府……他的政府所拥有的东西（BBC）。

——《今日美国》，2005年9月17日

---

① 澳大利亚首都，位于澳洲东南部。

第 2 章
政治博弈者和财富大师

关于朱迪思·里根

关于那个有争议的图书编辑和那家出版商的小报情结（这种情结使朱迪思凭借支持有争议的书而成为图书界的后起之秀，其中包括后来遭到否决而胎死腹中的辛普森的著作《假如真是我做的》[1]）：朱迪思在西蒙与舒斯特公司[2]的工作非常出色，我们注意到，对于什么书好卖，她有一种相当好的时尚感，而且从一开始就为我们做了一些很不错的畅销书，但后来有点儿走下坡路……她不是一个团队成员。大致可以这么说……她确实有能力，但她不适合我们。

——纽约媒体峰会，2007 年 2 月 8 日

---

[1] 1994 年 6 月 13 日，美国前橄榄球明星辛普森的前妻尼科尔和男友罗纳德在公寓外惨遭杀害。几天后，辛普森在洛杉矶高速公路上驾车外逃并被抓捕的场面经全美电视实况转播后轰动全球。此后，历时 474 天、震撼全美的"世纪大审判"以辛普森被无罪释放而告终。十多年后，辛普森在新闻集团一度支持其出版的《假如真是我做的》一书中，以第一人称道出如果他是凶手的话，他将如何策划以及实施杀妻阴谋。

[2] 美国最大的图书出版公司之一，现为哥伦比亚广播公司的分公司，致力于大众出版领域，涉及成人、儿童、听书和网络出版等，其出版的图书已获得 54 个普利策奖，以及众多的国家图书奖、国家书评奖等。

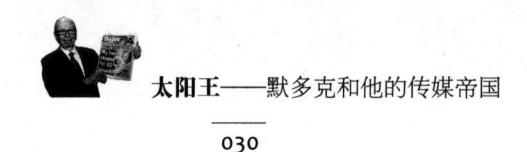

关于意大利总理西尔维奥·贝卢斯科尼

在卷入涉及一名绰号为"偷心舞女鲁比"的17岁女孩的性丑闻①之后,那个欲望强烈的总理宣称,默多克利用自己的媒体资源说他的坏话:这是胡说八道!就在几个月前,当他全面降低意大利的税收——所有部门的营业税——却唯独将卫星电视的税收翻倍时,外界就议论纷纷。而且他有自己的竞争性业务,当他拥有哪一项(竞争性业务)时,那项税收政策就不再适用。这就是商业。现在,我们还没有做出任何报复,也没有对此说三道四。我没法控制《伦敦时报》或者《经济学人》的编辑对他的批评言论。至于《纽约时报》,天晓得,我对它可是一点儿影响都没有。

——huffingtonpost.com,2008年5月29日

---

① 即"鲁比门事件",指在2010年10月,媒体曝光意大利总理贝卢斯科尼与1993年出生的摩洛哥肚皮舞舞女"鲁比"的性丑闻。贝卢斯科尼自称"爱生活、爱女人",不会为个人"休闲"行为致歉。

第 2 章
政治博弈者和财富大师

关于罗伯特·马克斯韦尔[①]

昨天马克斯韦尔先生称我是一只被蛀虫叮咬过的袋鼠。我想指出的是，我还没到那个阶段呢！

——BBC 新闻在线，2011 年 1 月 30 日

[①] 捷克出生的英国媒体大亨和议会议员。他白手起家，建立了包括英国《镜报》在内的大型报业集团。

第 3 章
传媒帝国

第 3 章
传媒帝国

关于他的血液里流淌着"打印机墨水"

我的整个一生都与报纸为伴,我的父亲也是如此。你可以说,我的命运注定就是要爱上报纸。

——《傲慢的澳洲佬:鲁珀特·默多克的故事》,1985 年

关于小报

它们是不同的动物。你必须得让人们喜欢阅读它们。它们必须具有某种乐趣和一点儿优势。在一定程度上,它们要有议事日程,而且肯定要对社会变革起到推动作用。但是我不对它们发号施令,我没那个时间。

——《时代》杂志,2007 年 6 月 28 日

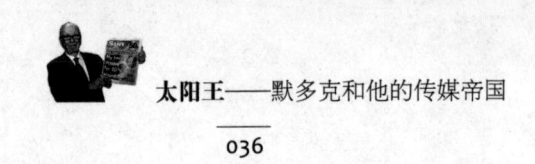

关于针对《阿德莱德新闻报》诽谤罪的指控

1959年,默多克就《阿德莱德新闻报》有关某年轻女孩被谋杀的头条新闻(后来,这篇令人震惊的深度报道导致默多克的公司以"九项诽谤,其中含三项煽动性诽谤"的罪名被起诉)所写的一篇社论摘要:《阿德莱德新闻报》从未宣称政府、最高法院甚至南澳大利亚警察的任何成员有任何罪行。然而,对于这样一个重要事件,我们认为我们有义务去报道所有的陈述……我们从来没有声称(被告)是无辜的,仅仅是指出他在被绞死之前,必须首先有证据证明他真的有罪,这一点是毫无疑问的。《阿德莱德新闻报》认为这样做是它的职责,那就是不仅永远要为伸张正义而战,而且还要永远为创造伸张正义的机会而战。我们坚持这一立场,并将继续坚持下去,我们将充满自豪地为这一理念而战。

——《傲慢的澳洲佬:鲁珀特·默多克的故事》,1985年

第3章
传媒帝国

关于大多数报纸未能紧跟数字技术

大多数报业公司仍然把它们的脑袋埋在沙子里,但其他媒体公司却富有进取心。

——thedailybeast.com,2006年2月12日

关于与报纸编辑合作的挑战

即便我没有努力和我任命的每一位编辑建立密切的工作关系,也丝毫不意味着我是个冷酷无情的人。事实上,我认为,如果你知道在当时那种确切的原因……以及这些人所得到的那种安置,人们都会觉得,我是一个相当温和的人(很多人的确是这么看我的)……大致说来,我是一个过分随和的人。

——《傲慢的澳洲佬:鲁珀特·默多克的故事》,1985年

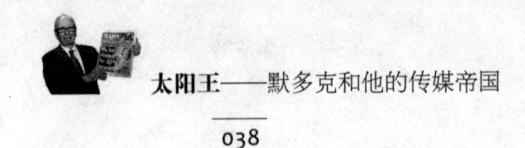

关于印刷报纸的未来

我只是喜欢与人们沟通，报纸是一种沟通的途径。我不在乎我们的新闻出现在什么平台上。今天，在全国各地，有些人同意这个观点，有的人却感到畏惧。他们都将经历一个困难时期。一般报纸的全部广告收入下降了10%-30%，这意味着它们的利润率也跟着下降。人们尽可能地减少生产过程的成本，但并未考虑减少获取新闻的成本……这对于《华尔街日报》，一份服务于社会中10%的最有影响力、最有教养的人的报纸，必然是一个巨大的商机，是天赐良机。我认为印刷业不会终结。我们有一个很大的内容广泛的免费网站，但是，当人们进入我们今天所拥有的具有很多深入分析和细节内容的空间时，他们将要为此付费。

——《巴伦周刊》在线网站，2008年5月28日

关于报纸的力量

报纸可以创造广泛的辩论,激起社区内的争论,可以让我们关注那些不公正的方面,也可以做相反的事情:隐藏真相,成为支持邪恶的强大力量。

——theworld.org,2011 年 7 月 14 日

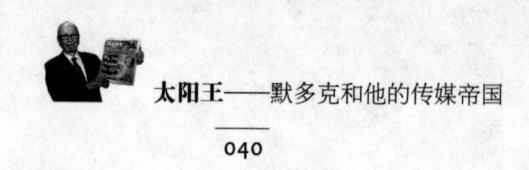

关于负债的报纸

在最近十年里,有过很多报纸交易,在这个过程中,不少人背上了惊人的债务。如果你看看论坛报业公司,看看他们的大报——《洛杉矶时报》、《芝加哥论坛报》——我敢和你打赌,它们都还在赚钱。但是,它们无力支付它们的应收票据利息[①]。破产不意味着报纸的终结,只是意味着有人将通过银行系统购买它们。

——paidcontent.org,2009 年 5 月 28 日

[①] 指债务到期时应支付的资金占用费。

第3章
传媒帝国

关于承受现金流问题

匹兹堡国民银行曾经要求新闻集团一次性支付 1 000 万美元，而在当时，新闻集团无力偿还这笔债务。"这真是可怕，非常可怕！"那位首席信贷官说："清算公司吧。"就是为了那 1 000 万美元。

——《默多克：一个媒体帝国的塑造者》，1997 年

那次银行危机在新闻集团的支持下得到解决之后

作为提供过 200 万～300 万美元贷款额度的多家小银行的首席信贷官们，都毫不犹豫地让我们清算全部 200 亿美元的资产。实际上，有一两家银行似乎非常喜欢出现这种局面。

——《默多克：一个媒体帝国的塑造者》，1997 年

关于收购旗下拥有《华尔街日报》的道琼斯公司

我们对于收购道琼斯公司的想法是非常冷静的。《华尔街日报》显然是一个很棒的品牌,但我认为我们不会得到它,也觉得他们不会把它卖掉。

——纽约媒体峰会,2007年2月8日

关于收购《华尔街日报》的谈判

一年前,他们赚了8 100万美元(税后),然后支付了8 000万美元作为分红,你不可能按那种方式去发展一家公司。

——《纽约时报》,2007年5月4日

第 3 章
传媒帝国

关于收购《华尔街日报》

如果有什么不同的话,你会发现我们试图设立更高的标准。我们想要看到一份更好的报纸。它已经是一份出色的报纸了,但不管做什么,都可以精益求精。而且,我们会尽一切可能去鼓励和帮助你们。

我们的目标很简单:我们必须为所有读者的生活和事业提供娱乐、信息和真正的充实感。我们必须成为世界财务信息和评论的首要来源,而且在这方面,我们必须经得起一切检验。

——《〈华尔街日报〉之战:一场控制美国商业帝国的战争》,2010 年

关于《华尔街日报》的隐性成本

《华尔街日报》的隐性成本也就是每股 60 美元多一点儿。[①]

——《时代》杂志,2007 年 6 月 28 日

[①] 2007 年,默多克就《华尔街日报》提出每股 60 美元的收购报价。

在成功收购《华尔街日报》之后

说我们会把《华尔街日报》庸俗化,简直是胡说八道!我们没有把《伦敦时报》庸俗化,我们做出了全新的《伦敦时报》。《星期日泰晤士报》①也是如此。它们是否比以前更受欢迎一点儿了呢?是的!它们现在是面向普通大众的报纸。你一定要倾听读者的心声!

——《时尚先生》在线杂志,2008 年 9 月 11 日

---

① 又称《星期日时报》,是在英国和爱尔兰共和国发行的一份星期天大报,由新闻集团旗下新闻国际的子公司——泰晤士报业有限公司——出版,也是英国的全国性报纸之一,但其知名度和权威性不如《泰晤士报》。

第 3 章
传媒帝国

关于新闻集团收购道琼斯公司的余波

我对班克罗夫特家族及其受托人给予的支持深感欣慰。考虑到班克罗夫特家族作为道琼斯公司管理人的长期而杰出的历史,我们深知这样的决定对于某些家族成员而言是多么艰难。我要向班克罗夫特家族表达我的谢意,同时也做出承诺:我们的公司和我的家人,也将会成为同样强大的管理人。

——新闻集团公告,2007 年 8 月 1 日

当蜜月结束后……

他们一方面要从我这里拿走 50 亿美元,同时还要控制一个陷入危机的企业。他们不能一边出售自己的公司,一边还要控制它。没有这么做事情的。很抱歉!

——《时代》杂志,2007 年 6 月 28 日

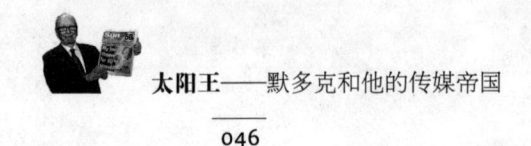

关于外界的批评——因为新闻集团即将拥有《华尔街日报》，读者对这份报纸的认同度开始降低

我们将要做出一份相当出色的报纸，所以我才不管纽约那边或者其他媒体会怎么说，我们将打造出世界上最好的报纸！

——《〈华尔街日报〉之战：一场控制美国商业帝国的战争》，2010年

关于福克斯新闻网的客观性和平衡性

福克斯的真实故事是商业故事。真实的情况是：通过把所有时间给予各方以保持客观和平衡，我们实际上已经改变了这个国家的政治方程式。人们认为我们是保守派，但我们不保守……比尔·奥雷利不是新闻播音员，他是一个评论员，但他是站在两方立场上的……博利特·休谟[1]不是一个政治家。

——《金融时报》在线周刊，2006年10月6日

---

[1] 美国政治评论员和电视记者，自2008年以来，一直担任福克斯新闻网的资深政治分析专家。

第3章
传媒帝国

关于福克斯的竞争

我们的公司拥有这样的历史,那就是挑战那些传统的而且通常是停滞不前的媒体,为世界各地的电视观众提供新的产品和服务。也许我们在广播节目竞技场上为消费者提供最新选择的第一次同时也是最知名的成果,就是在1986年建立了福克斯网络。福克斯真正为广播网络"三巨头"[1]带来了迫切需要的竞争,而在当时,传统看法认为这是不可能做到的。

——向美国众议院司法委员会所作的证词,2003年5月8日

---

[1] 指传统意义上的美国三大广播电视网:哥伦比亚广播公司、全国广播公司和美国广播公司。后来,随着美国有线电视新闻网和福克斯广播公司的异军突起,这五家被称为美国广播电视业"五巨头"。

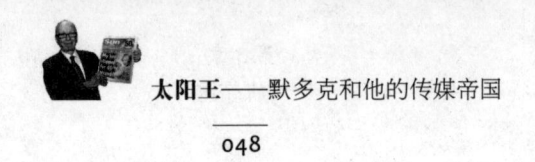

关于福克斯互动媒体

  在经过新闻集团所有关键部门高管人员长达数月的内部研究和讨论之后，我们正在推出这个新项目。我们认为，从总体上说，没有其他任何媒体公司像我们这样成功地创建出了独具特色的内容，并设法在每一个可以想象的平台上把它们提供给世界各地的广大观众。我们确信，这一成功将会转化为互联网应用项目。同时我们也相信，推出福克斯互动媒体的时机是恰如其分的，我们将致力于投入资源，使其成为首屈一指的网络公司。

——新闻集团公告，2005年7月15日

第 3 章
传媒帝国

关于提供新闻和娱乐

一个真正的综合性传媒公司必须生产娱乐,也必须从事新闻报道。问题是通过什么方式提供这些,是杂志还是电视?对于所有这些东西,你都必须参与创作性的过程,拍电影也是其中的一部分。我关注娱乐不是要奉行"娱乐至上"。这是传媒业的广泛战略的一部分,是传媒业的核心。我知道你可能不会想到世界经济,但这当中的确存在一种世界经济。有一些事情是天经地义的。好莱坞仍然吸引着最有才华的人,电影制片厂仍然具有无与伦比的地位。所以,如果一个人拥有一家电影制片厂,他就拥有了一个绝佳的机会。

——《默多克:一个媒体帝国的塑造者》,1997 年

关于他在 1981 年收购当时奄奄一息的伦敦报纸《泰晤士报》

收购《泰晤士报》,是为你们的股东们所做的最负责任的事情。

——《傲慢的澳洲佬:鲁珀特·默多克的故事》,1985 年

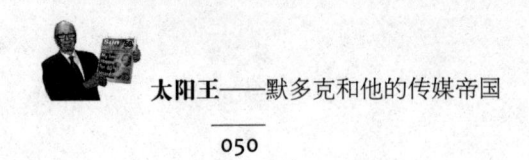

关于对《泰晤士报》员工的回应，对他声称将保证编辑独立性表示怀疑

如果有可能，我宁愿把灵魂出卖给你们，以此作为一种更有说服力的保证。为确保那些保证本身的有效性……我认为我已经尽了自己最大的努力，尤其值得一提的就是我赋予（全国范围内的董事们）的一种特别的力量：聘用和解雇编辑的绝对权利，并给了他们成为一种具有自我延续能力的新闻实体的权利……反过来说，假如我采用了一种足以毁掉所有这些保证的途径，并且总是随意解雇一个编辑，那又会怎么样呢？答案是，我们会嗅到一种可怕的公共厕所的恶臭，这必然会毁掉整个报纸……我要么与这些人融洽相处，要么彻底甩开他们，否则的话，我就会毁掉我试图购买的东西。

——《傲慢的澳洲佬：鲁珀特·默多克的故事》，1985年

第 3 章
传媒帝国

在沃平① 对《星期日泰晤士报》的一个主管所说的话

你这个王八蛋！你这个杂种！拿上这份该死的报纸，马上给我滚蛋！

——《鲁珀特·默多克：世界上最伟大的传媒奇才不为人知的故事》，2011 年

---

① 东伦敦多克兰地区的一处高档社区，自 20 世纪 80 年代以来，它一直是英国的报业中心。

关于报纸的精英主义

  大部分媒体都是本地垄断机构，他们拥有从新闻学院走出来的新闻精英，而且看不起他们的受众。他们完全不和年收入五六万、住在郊区并过着正常生活的普通中产阶层接触。看看在（纽约）长岛发生的情况吧！税收上涨了那么多，很多人被迫转移到了南方地区。你在《长岛新闻日报》上会看到这方面的报道吗？不会。我不知道这些税收上涨的原因，但很多人的离开就是为了避开高税收，他们的可支配收入很大一部分都会受到税收影响，这严重违背了他们的意愿。第二代人和第三代人正打算搬到南部或西部，不是遥远的西部，因为在加利福尼亚那样的地方，他们将会再次受到重创。

    ——《金融时报》在线周刊，2006年10月6日

关于美国新闻业

美国新闻界的问题是,新闻人根本不知道如何竞争,他们都一窝蜂地去上新闻学院,去听那些作为失败者却打扮成教授模样的编辑们的授课。

——《新传媒时代》,1983 年 11 月

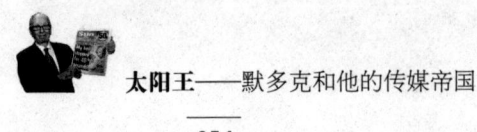

关于小报新闻的特征

对于他在1982年收购《波士顿环球报》，后来又以11亿美元将其出售的做法的解释：现在，我不认为这意味着《波士顿环球报》将会成为一份更差的报纸。因为我们的努力，它可能会成为一份更好的报纸。我要说的就是，我个人认为，一份出色的小报卖不过一份出色的大报，是很不正常的事情……的确，小报新闻业在美国已经过时了，但我认为它会回来的。那些不以报道有趣味的话题为耻、不以娱乐大众为耻的报纸，必定是有市场的……目前有一种倾向，就是根据更传统的新闻学标准来判定小报的价值。

目前存在一种精英主义的态度。一个问题是，今天的新闻专业的学生学到的是这样的东西：像《纽约时报》和《华盛顿邮报》这样的才是典范，这些报纸所做的事情才是负责任的，其他报纸做的都是不负责任的。等到这些孩子走上街头找工作时，他们对于任何非传统的东西都会抱着怀疑态度。他们的目标似乎就是让罗伯特·雷德福[①]在一部电影里好好演绎一下像他们这样的人。

——《波士顿》，1983年5月

[①] 美国知名导演、演员，同时也是电影监制、商人、环保人士和慈善家。1985年，他主演了影片《走出非洲》，该片囊括了1986年度七项奥斯卡大奖。

第 3 章
传媒帝国

关于收购芝加哥的《太阳时报》

从根本上说，我们从未计划或者打算对那份报纸做实质性的改变，我们将努力保持报纸的高标准以及它在读者中的声誉……与其说它看上去像是我们其他的任何一份报纸，不如说它将会像是具有最新形式的《太阳时报》……我将以真正严谨的态度和恰如其分的方式去担负延续《太阳时报》生命力的任务。在我们正式接管报纸的早期阶段，我打算花大量时间待在芝加哥。

——芝加哥记者招待会，1983 年 11 月 1 日

关于为什么读者不应该过多关注
《纽约时报》周日版

　　他们当中有些人厌倦了阅读。周日版的《纽约时报》往往是他们在一周内推出的最糟糕的出版物……在星期天印刷出来的东西，通常都是不会有多少价值的。事实是，他们是为周一、周二、周三和周四写稿。到了星期五，他们所有的人都倾巢出动，到汉普顿休闲区①快活去了，他们最好的记者和编辑也都会离开。于是，星期天就只有残羹冷炙了，他们才不会动用他们最好的人员。

　　　　——《默多克的新世纪：一个媒体帝国的数字化改造》，2002 年

《纽约邮报》的一个大标题

特德·特纳：疯了吗？

　　　　　　——《纽约客》在线杂志，2007 年 7 月 2 日

---

① 位于纽约长岛的一个著名的海滨度假胜地。

第 3 章
传媒帝国

《波士顿邮报》关于爱德华·肯尼迪的一则标题

肥仔。

——《纽约客》在线杂志，2007 年 7 月 2 日

关于《纽约邮报》

我们为我们所有的报纸所做的事情深感自豪。因此，那篇报道让我们深感受辱。我们（在新闻集团）有超过 5 万人，我们会在这个或者那个地方犯错，但是《纽约邮报》没什么错——大多数人在读《泰晤士报》之前宁愿先去读它。这个世界总是有流行的大众报纸和不流行的小众报纸，它们扮演不同的角色。我们二者兼有，就像我们拥有包括《美国偶像》、《24 小时》这种节目的福克斯电视网一样，我们也有国家地理频道，局外人很难理解这一点。

——《时代》杂志，2007 年 6 月 28 日

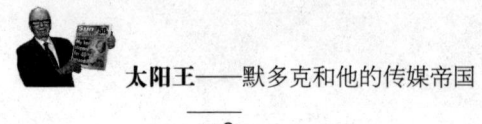

关于谷歌为使用印刷媒体的内容付费

我不知道他们能否负担得起。如果他们为他们所使用的来自全世界各地每一份报纸和每一份杂志的所有内容向每一个人付费，那他们不会有任何剩余利润。

他们发明了一种出色的搜索引擎，能够搜罗到世界上出版的所有材料，并且据此出售搜索广告，但他们并不为原材料付费。我们不能视而不见，必须为此做些什么。

新闻行业花费大笔的钱用于收集新闻……因此它需要得到支付，而且新闻也没有足够多的广告费作为支撑。

——wallstreetpit.com，2009年11月19日

第 3 章
传媒帝国

关于报纸和博客的比较

在和沃尔特·莫斯伯格①的谈话中，后者问起 iPad 和内容，苹果公司的史蒂夫·乔布斯的回答是：我不想看到我们沦落为一个博客国家……我认为我们比以往任何时候都更需要编辑监督。为帮助报纸找到有助于他们得到报酬的新的表达方式所做的任何事情，我都会全力支持。

——*mediaite.com*，2010 年 6 月 2 日

默多克的回应：从民主的角度出发，让理想的、经过编辑的报纸及其负责任的信息和观点得到广泛传播，这是非常重要的。因此，我们的确不能统统沦为互联网博客的受众，因为很多人无法区分好与坏，而且博客的内容大多都很糟糕甚至很疯狂……（史蒂夫·乔布斯）的意思是，这真的很重要。

——*mediaite.com*，2010 年 6 月 2 日

---

① 俗称"莫博士"，《华尔街日报》著名专栏作家和科技网站主编，从事科技评论已有二十余年。他的评测报告有时可以显著影响一款产品的销量，甚至改变一家公司的股价走势。

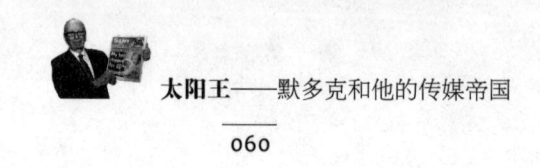

关于在媒体行业闯出新天地的见解

内容为王,但你仍得做好发行;反之,即便你有一个有实力的发行商做后盾,你仍然要花大力气去开发内容。但强大的发行能够为你提供一定的安全性,并且这意味着,如果你真的正在生产出精彩的内容,你就没有理由让它无法接触到理想的受众……你可以做到这一点,但如果你只是和别人,尤其是和那些墨守成规的人并无区别,只会做同样的事情,那你就无法实现你的目标。你必须独辟蹊径,你得寻找一个缺口,这意味着在那个缺口当中,你的市场竞争对手思维懒散,以至于与读者、观众或网民失去了联系。

——webpublishingblog.com,2005年11月15日

关于英国广播公司

说到英国电视质量,在很大程度上,它无非是控制狭窄的精英阶层的意志的反映,并一直认为他们的品位就是质量的代名词。

——BBC新闻在线,2007年8月1日

第 3 章
传媒帝国

关于新闻集团与政府支持的广播企业的竞争

我们关注的是变革和进步,而不是通过立法和裙带关系所产生的保护主义。我们所关注的是积极的竞争,而不是干扰或者扭曲市场。我们关注的是勇于进取,做好自身的事情,而不是依靠别人的力量和影响让自己上位。

——《默多克帝国》,2003 年

关于收购《太阳报》

最重要的是要记住,新的《太阳报》仍然是一张关心民众需求的报纸……新的《太阳报》仍将具有良心。它永远不会忘记其激进的传统。它会真正具有独立性,但在政治上仍将保持强烈的敏锐度。它永远永远都不会做骑墙派,它永远永远都不会让人感觉沉闷!

——《默多克:一个媒体帝国的塑造者》,1997 年

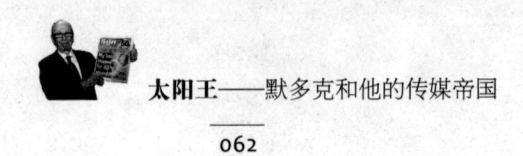

关于《太阳报》上受欢迎的"三版女郎"[1]

女权主义者会生气,但现在甚至就连她们也安静下来了。那些图片是无害的,这一点毫无疑问。没有什么色情、露胸式装束,仅此而已……

——《默多克的新世纪:一个媒体帝国的数字化改造》,2002 年

---

[1] 指英国《太阳报》在第三版刊登的裸露上身的模特。《太阳报》的"三版女郎"栏目是 20 世纪 70 年代以来的一项传统,其创建宗旨和理念是:一张带有说明文字、适度袒胸露乳的年轻女子的照片,是该报让读者"从当天通常比较压抑的新闻中喘口气"的方式。多年以来,"三版女郎"以其传达的性感、美丽、青春的气息,一直深受很多英国人的喜爱。

第 3 章
传媒帝国

关于报纸的地位——与《太阳时报》主编哈罗德·埃文斯的谈话

我对于报纸的主要关注领域，就是我有好几次和你提到的，报纸在重大问题上的立场。报纸当然需要有态度，要有一以贯之的立场，任何伟大的报纸，都必须明确无误地向人们展示自己所坚持的有良心的立场的证据。至于那究竟是什么立场，以及如何去定义它，是你们自己的责任，不可能是我的责任，但你们必须以足够的清晰性、权威性乃至重复性对其予以定义。

——《默多克：一个媒体帝国的塑造者》，1997 年

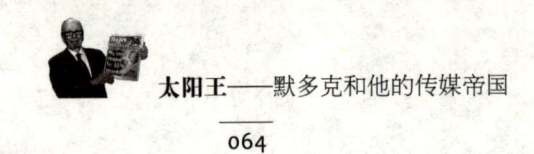

关于对 NDS（新闻集团旗下生产电视网络智能卡和专用接收机的公司）正在加剧电子行业盗版趋势的指责

似乎每个竞争者和敌手都在堆砌谎言和诽谤。这种情况是如此糟糕，以致需要狠狠地回击他们。这很容易，而且我们正在准备当中……敌人形形色色，但最恶劣的就是那些老花花公子和右翼分子，他们始终都在觊觎他们在 20 世纪的垄断地位……我们只需要做好自己该做的事！人们拥有自己的选择权，拥有自己思想的自由，他们知道如何行使个人的职责。

——推特网站，2012 年 3 月 29 日

关于新闻集团的宽带渗透

新闻集团将会展开积极工作……让宽带应用遍及整个美国，特别是在乡村地区。所有美国人的宽带解决方案，都可能来自与卫星宽带提供商、DSL提供商或者运用电线系统宽带的新的潜在宽带供应商的合作，或者来自其他新兴技术。新闻集团相信，消费者拥有选择权是至关重要的，他们可以根据有线电视在视频和宽带服务的性能、质量与价格方面展开竞争的情况做出选择。

——向美国众议院司法委员会所作的证词，2003年5月8日

关于美国有线电视新闻网的缺陷

我们是一个新闻机构，要成为一个有益的广播电视节目公司，你就必须有新闻。我们会做一个（新闻频道），它将比美国有线电视新闻网好得多。这样的话，当我早上走上运动机时，我就可以欣赏它。现在的电视节目广告时间很长，而且总是不断重复。

——《默多克：一个媒体帝国的塑造者》，1997年

关于图书出版

这么说吧,我们一直排斥做书,书出得太多了!这无关政治,请不要误会我的意思。人人都在出书,都想在巴诺(美国大型图书连锁公司)或者哪里占据一席之地。

——《华尔街日报》在线周刊,2007年6月6日

第 4 章
一个长于谋略的传媒大亨的思考

第 4 章
一个长于谋略的传媒大亨的思考

关于在《世界新闻报》工作的 200 个雇员的失业风险

当一家公司倒闭时，工作者失业是自然而然的事情。在这种情况下，我们会尽一切努力——而且我始终都在这样做——确保那些人受雇于公司的其他部门，只要他们为人正派……不会参与任何犯罪。

——向文化、媒体和体育委员会提供口头证词的原始记录，2011 年 7 月 19 日

关于批评者和敌人

我没指望人人都喜欢我，而且你永远不会让批评者闭嘴。我已经出道五十多年了，只要推动变革，就会树敌。我为我树敌的情况感到骄傲！

——《时代》杂志，2007 年 6 月 28 日

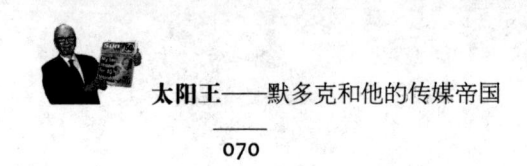

关于成功和疤痕组织

我是推动行业变革的催化剂。一个人不可能在三十年时间里作为局外人而获得成功的同时,在哪个领域没有留下一定量的疤痕组织[1]。

——BBC新闻在线,2007年8月1日

---

[1] 又称瘢痕组织,指肉芽组织经改建成熟形成的老化阶段的纤维结缔组织。这里叙述者用的是比喻的说法。

第 4 章
一个长于谋略的传媒大亨的思考

关于印刷商工会在默多克将《伦敦时报》[①]搬到沃平之后举行的罢工

我们这边发生过可怕的罢工……他们在那个周六和周三晚上全都出动了。这对于他们就像是一个盛大的节日之夜。每到这个时候，警察就会出现在那里，还有马匹。他们会照例朝马屁股扔飞镖，那些马也总会照例受惊并且后腿站立。另外，电视记者也会跟踪报道。不过，对于我们来说，真正有趣的不是这些，而主要是工业数字。印刷商工会负责人不失时机地出现在英国广播公司的节目当中，并且说"这不是英国人处理关系的方式"。但是，我们不可能无动于衷。过了几周之后，我和……那个工会负责人做了"交易"，是私下里进行的……我再也没有听到她站出来说什么。她不可能不考虑工会的最终目的。

所以，他们全都安静下来了，并且一年后，他们全都接受了解决方案，那就是：他们以后再也不会出来闹事，并领取了相应的报酬（为我工作每满一年就可以相应领取一周的报酬，但那是我在一年前提出的报酬的一半）。就是这样！

那是一次史诗般的战斗。那是在最近五十年来，或者确切地说是在最近四十年来，一个私人雇主在英国赢得的第一个重大的劳资纠纷战争。

——美国 PBS 电视台"大千世界"栏目，2010 年 2 月 5 日

[①] 《泰晤士报》的另一种称呼。《泰晤士报》英文名称的中文直译原本应是"时报"，但其最初译名却与读音相近且毫无关联的"泰晤士河"中的"泰晤士"一致。由于约定俗成的关系，这一错译保留至今。由于现今世界各地有许多名为"时报"的报章（比如《纽约时报》等），因此为了区分出来，《泰晤士报》有时被英语使用者称为《伦敦时报》。

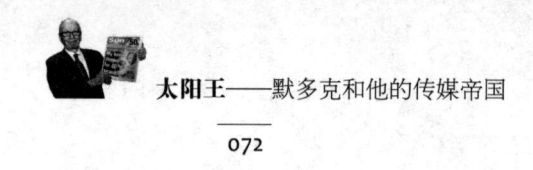

关于经济

　　一般家庭都被挤压得喘不过气来，他们生活拮据。这在很大程度上缘于国家正在经受苦难，人们正在遭殃。接下来，你会看到很多人都将失业，首先是在英国。欧洲大部分地区都很不景气。澳大利亚仍然繁荣，因为它对于中国和印度而言，就像是一个巨大的采石场。

　　还有很多问题需要解决。我们将在很长一段时间内继续依赖石油。核能和风能等等的投资，需要 10～15 年的时间才能见效。我们现在要就此做一些工作，我会让人在西海岸钻探。我们可不是为了保护几只麋鹿才去购买阿拉斯加的。从长期来看，我很乐观，世界有 65 亿人，其中 35 亿人从事经济工作。以后虽会有通胀压力，但世界会变得越来越富裕。

　　　　　　　　　　——《巴伦周刊》在线网站，2008 年 5 月 28 日

第 4 章
一个长于谋略的传媒大亨的思考

他被问"在你的商业帝国的所有事务当中，什么带给你最大的快乐？"

参与报纸的日常编辑活动，试图对人们产生影响。

——《纽约客》在线杂志，2007 年 7 月 2 日

关于他偶尔会出现在公司的新闻部门

我喜欢四处走动。但事实上，我不会有太多时间做到这一点。我喜欢流行的大众新闻。我必须说，我喜欢它们的程度，超过你们所说的那种高质量的所谓"精英新闻"。

——《纽约客》在线杂志，2007 年 7 月 2 日

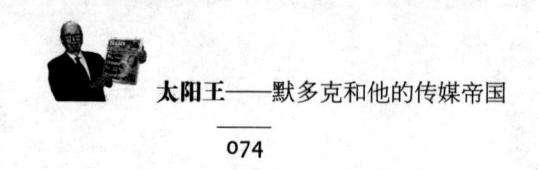

关于责任感

　　这还用说嘛？当一份报纸开始变差并且每况愈下时，我对此当然责无旁贷。股东们不会给主编打电话，他们会把电话直接打给我。这种情况有过那么一两次，导致我做了叫人很不愉快但却是必须做的决定。我犯过错误，不过我必然会及时纠正。这种情况并不多见！

　　　　　　　　　　——《华尔街日报》在线周刊，2007年6月6日

关于对《世界新闻报》违法获取独家新闻的指责

　　不，我认为这是完全错误的做法！在任何时候，你都没有任何借口做犯法的事。我认为要是它们愿意——如果我可以这么说的话——所有报纸都可以为了推动法律变革而找到借口并采取务实的行动，但是永远不要去违背法律。

　　　　——向文化、媒体和体育委员会提供口头证词的原始记录，2011年7月19日

第 4 章
一个长于谋略的传媒大亨的思考

一个雇员的回应

在接受福克斯"财经新闻"栏目记者斯图尔特·瓦尼的一次采访中,默多克用一句"我今天不会谈这个问题"避开了他的雇员的提问。瓦尼这样回答:"OK,不用担心,董事长先生,这没问题!"

——《华尔街日报》在线周刊,2009 年 7 月 9 日

关于以适度的反击作为威慑

当有人试图贬损你时,你就要尽量保护自己,这样,别人下次就会收敛了。

——《纽约时报》,1984 年 2 月 6 日

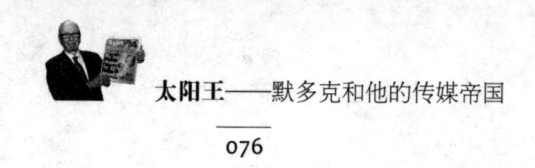

关于《纽约邮报》①，专栏作家们
在一纸请愿书中声称"它也是我们的报纸"

哦，不，它不是！当你们为了弥补亏空而自掏腰包时，你可以说它也是你们的报纸。但现在它是我的报纸，你们只是在这里工作，你们可别忘了这一点！

——《傲慢的澳洲佬：鲁珀特·默多克的故事》，1985 年

关于决定解雇 148 个
签署那份请愿书的《邮报》员工

《邮报》有权根据自己的判断给予适当的一次性遣散费，终止与新的管理层的出版理念不相容的员工之间的关系。

——《傲慢的澳洲佬：鲁珀特·默多克的故事》，1985 年

---

① 1976 年，默多克先后收购了《纽约邮报》和纽约杂志公司。

关于为他工作并不感到快乐的员工

你不喜欢干,那就别干了。

——《诸神之战》,2003 年

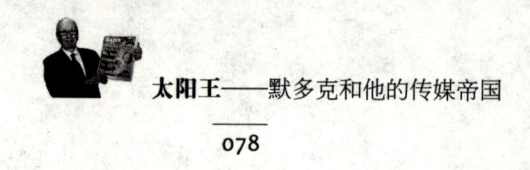

关于美国工会

美国工会教他们的成员怀有这样的期待：哪怕是远远少于一天的工作量，也要拿到远远多于一天的报酬。

——《纽约时报》，1978 年 4 月 21 日

关于利益冲突

我认为报纸不应该拥有外部利益……你在新闻之外拥有某种东西，就会把自己置于受攻击的地位。报纸应该避免出现这种情况。

——《傲慢的澳洲佬：鲁珀特·默多克的故事》，1985 年

第 4 章
一个长于谋略的传媒大亨的思考

关于垄断

我们公司是一家通过把竞争引入长期支持垄断供应商的企业和国家中因而得以繁荣壮大的公司。在这方面,英国是一个典型的例子。自从电视首次应用以来,政府就支持英国广播公司,允许它使用国家税收资助精英分子认为适合播放的任何节目。

当我们推出天空电视台时,不得不设法突破已经存在了几十年的旨在维系广播垄断——或者在当时来说是一种双寡头垄断①的密集的制度、规则和传统。通过长期坚持不懈的努力,并在付出极大代价的情况下,我们才得以做到这一点。

——《默多克的新世纪:一个媒体帝国的数字化改造》,2002 年

垄断是一件可怕的事情,除非你自己也拥有这种权利。

——《诸神之战》,2003 年

---

① 指市场份额全部或绝大部分由两家供应商掌控的垄断现象。

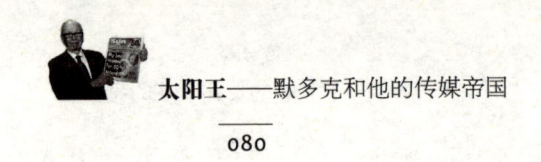

关于良心和报纸的社会角色

唯有通过平衡这三种利益,即我们的股东、客户和东道国政府的利益,我们最重要的主人——我们的良心——才能够开始发挥作用。

我们有特殊的权力:帮助政府设置政治讨论日程,发现政府的劣迹并将其曝光,决定在一个下雨的星期六上午为孩子们提供什么样的电视节目,美化或者妖魔化某些行为——比如使用毒品——并以此影响一国的文化。

——《默多克的新世纪:一个媒体帝国的数字化改造》,2002年

关于公民的知情权

我们生活于其间的民主的基本前提,必须是公民的知情权。如果我们不公布我们所知道的东西,或者如果我们掌握的事实符合公众利益并且很重要,但却不把它们予以公布,那么我们就不配享有自由。

——《默多克帝国》,2003年

第4章
一个长于谋略的传媒大亨的思考

关于他与澳大利亚根深蒂固的关系

1979年致澳大利亚广播法庭主席布鲁斯·吉格尔：还有谁曾为此冒险搭上他的每一分钱、他的名声以及他为个人信念——因为他坚信这样的信念对这个国家而言是正确的——而战的整个职业生涯？还有谁冒险拿出他的一切资产，在这个国家的各个地区建立起一份全国性的报纸？就当时来看，没有哪一个具有如此规模或如此年轻的国家，在这一发展阶段之前真正有过一个全国性的媒体。然而，澳大利亚有。现在，正是它寻找属于自己的身份和目的的时期。我们迟早要在这个国家做些更具资源整合性的事情。作为一个梦想，我在15年前创办了《澳大利亚人报》，并且为了将那个梦想变为现实而投入了将近3 000万美元的资金，我这样做，当然不是为了今天在这里被称为外国人，或者为了对抗这个国家根深蒂固的垄断而受到惩罚。自1954年以来，新闻集团的故事就一直是对抗其他那些不遗余力地要把我打垮的大型媒体机构。我想你们会记得在某个阶段，不，是在许多个阶段，我过去工作过的一家公司在这方面就相当活跃。

——《默多克帝国》，2003年

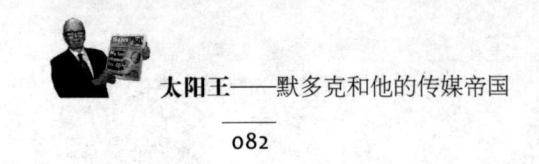

关于趁热打铁

实现飞跃并获得巨大成功的机会，总会在某个特定时刻出现。我明确无误地意识到，现在对于福克斯正是大好良机，我们打算抓住这个时机，把企业网络推向美国广播领域的最前沿。

——《诸神之战》，2003 年

关于他本人在创建媒体公司方面的作用

大型媒体公司总是由个人建立的，而不是由委员会和董事会建立的。

——《名利场》，1999 年 10 月

默多克的座右铭

天佑勇者。

——《诸神之战》，2003 年

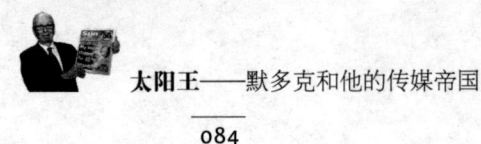

关于新闻集团的批评者

我们的公司总是致力于想象未来的图景，并将那种图景变为现实。

新闻集团曾是澳大利亚某个地区的一家小型报纸出版商。总是有人怀疑我们：当我们的发展规模足够大并扩展到英国时，他们怀疑我们；当我们在美国推出第四家广播网络媒体时，他们怀疑我们；当我们推出一个有线电视新闻网络时，他们怀疑我们；当我们收购 MySpace[①]时，他们怀疑我们。

而且，他们在已被证明是犯了错误时，照旧还在怀疑我们。我们每前进一步都要面对风险，要不断地证明自己，并让自己站稳脚跟。一家媒体公司的独特潜力以及它的职责之一，就是帮助它的受众获取能够定义我们这个时代的所有信息。

我们还处于这一使命的初始阶段，我们还有很长的路要走。

——对新闻集团雇员们发表的讲话，2007年5月9日

[①] 目前全球第二大社交网站，它为全球用户提供了一个集交友、个人信息分享、即时通讯等多种功能于一体的互动平台，现已拥有超过2亿名注册用户。

第 4 章
一个长于谋略的传媒大亨的思考

关于发表那个导致时任英国陆军大臣约翰·普罗富莫下台的应召女郎的故事[①]

人们有机会对这件事大肆嘲笑，但我却要承担那些额外多印刷的我们本打算卖掉的 500 万份报纸的代价。

——《默多克：一个媒体帝国的塑造者》，1997 年

关于那些热衷于对报纸说三道四的人

我一点儿也不对我的任何报纸感到羞愧，而且我相当反感那些势利小人，他们总是对我们说，那些报纸都很糟糕。那些家伙只读其他人都不喜欢读的报纸。我怀疑他们是否真的看过很多报纸。尽管他们在大多数问题上认为自己是自由派、激进派或者别的什么，但他们总是认为，他们应该把他们的口味强加给社会上的其他人。

——《鲁珀特·默多克：新闻集团大亨》，2011 年

[①] 即普罗富莫事件。1961 年 1 月，普罗富莫在一次派对中认识了一名叫克莉丝汀·基勒的应召女郎，并与其发展了一段短暂的关系。由于后者同时与苏联驻伦敦大使馆高级海军武官有染，遂使这种关系经媒体曝光后，一跃成为关系到英国国家安全的重大事件。最终，这一丑闻使得保守党在 1964 年大选中败于工党。

关于传统

一边吃早餐、一边读报纸的古老生活方式消失了。

——纽约媒体峰会，2007 年 2 月 8 日

关于出色的新闻

在一个消费者可以通过宽带在电脑屏幕、电视屏幕、移动电话和手持设备上获取点播、互动、新闻、娱乐、体育和分类功能的时代，印刷新闻又将会怎样呢？答案是：只要是出色的新闻总能吸引读者。作为新闻材料的文字、图片，必须进行出色的包装，它们必须能够滋养头脑，感动心灵。而且相当关键的是，报纸必须让读者有机会选择在印刷纸张或者"时报在线"这样的网站上面，或者在其他任何吸引他们的平台（这很重要）——比如移动电话、手持设备、ipad 之类的东西——上面获取新闻。正如我曾经说过的那样，报纸本身就可能成为新闻网站。

——在英国出版同业公会举行的讲座，2006 年 3 月 13 日

第 4 章
一个长于谋略的传媒大亨的思考

关于他的员工的顽强毅力和职业精神

我们的新世界是一个以现代大众传播、电话和短信以及无极限沟通为特征的世界,民主是自下而上而不是自上而下的。不过即便如此,一个自由的社会还是需要一个独立的媒体:充满激情……具有探索精神……活跃而忙碌……以及自由。这就是我们的新闻总是冲劲十足、敢于质疑权威的原因。我们的记者同样如此。通常情况下,我有理由庆祝媒体人的成就。有时候,我有理由为我们的错误感到遗憾。我需要明确声明:一方面,我们将会积极追求真相,但另一方面,我们也绝不容忍不法行为。

——英国《卫报》,2010 年 10 月 21 日

关于印刷出版物的潜力

我们的印刷企业，尤其是报纸——本公司具有崇高历史地位的心脏——部分地通过产生用来资助和实现我们战略的大量现金流，继续为公司和股东创造价值。由于互联网的使用，现在我们印刷企业的读者受众比以往任何时候都要多。今天似乎将"新"和"旧"区分开来的那种做法，将随着时间的推移被证明是虚幻的，我们正在投资所有这些业务的未来。

——年度股东大会致辞，2006年10月20日

关于保持领头羊的地位

我们相信，留住广告商的途径，就是在我们所做的每一件事情中都要成为执牛耳者。

——贝尔斯登公司企业家大会发言[①]，2008年3月11日

① 总部位于纽约的美国华尔街第六大投资银行，系世界500强企业之一，是一家全球领先的金融服务公司，为全世界的政府、企业、机构和个人提供企业融资和并购、证券研究、衍生工具、资产管理和保管等服务，后被摩根士丹利收购。

第 4 章
一个长于谋略的传媒大亨的思考

关于大众诉求

接受芭芭拉·沃尔特斯[1]的采访:这么说吧,和大众对话没什么错。要知道,莎士比亚就是为大众写作的。我想,如果莎士比亚在今天写作,就很可能是《全家福》[2]或者《家族风云》[3]的首席编剧。说老实话,它们确实多少有点儿淫秽。

——《默多克:一个媒体帝国的塑造者》,1997 年

---

[1] 美国电视新闻历史上第一位女性主持人,采访过自尼克松以来的每一位美国总统和第一夫人,曾五次获得艾美奖,并获"历史上最伟大的流行文化偶像"、"20 世纪最有影响力的妇女"等诸多殊荣。

[2] 1971～1979 年由哥伦比亚广播公司播出的一部美国情景喜剧,全剧深刻描绘了一个具有偏执狂特征的工人及其家人们的生活。2013 年,美国作家协会将该剧列为有史以来写得最好的四部电视剧之一。

[3] 由艾美奖和金球奖双料得主吉米·史密茨主演的一部电视剧,讲述了一个古巴裔美国大家族——杜克家族的创业史和内部权力斗争实况。

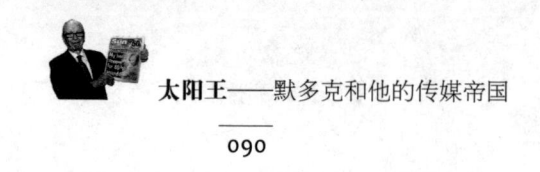

关于过去和最新广播节目的典范

我们在十年前就感觉到，看电视新闻的人觉得，他们与晚间新闻节目和有线电视网提供的大量新闻的模式之间有隔膜。我们感觉到，我们可以以另一种方式给他们提供新闻，这种方式客观而公平，节奏也更快，于是，福克斯新闻网频道诞生了，它也是今天美国的头号有线电视新闻网。

——在美国报纸编辑协会会议上的讲话，2005年4月13日

关于通信技术的解放力量

通信技术的进步，证明它能够对极权主义政权构成一种明确无误的威胁：传真机使得持不同政见者能够绕过国家控制的印刷媒体；直拨电话使得一个政府很难控制人际语音通信；卫星广播使得许多封闭社会当中渴求信息的公民能够绕过国家控制的电视频道。

——新闻集团广告商大会致辞，1993年9月1日

第 4 章
一个长于谋略的传媒大亨的思考

关于媒体在中国的蓬勃发展

中国不仅具有借鉴美国和英国的成功案例的潜力，还能够做出进一步的改进，从而在一定程度上取得成功。通过建立一种管理制度，这种制度既严格到可以有效确保中国对新兴企业进行控制，又灵活到不会抑制这些企业的发展，中国将会创建起一个示范性的媒体行业。

——在中共中央党校会议上的演讲，2003 年 10 月 9 日

关于捍卫一个自由社会的思想

在一个自由的社会，你不可能仅仅凭借拥有正确的思想而获得成功；要想成功，你在这些思想受到攻击时，就要有捍卫它们的信念，要在那些专家主张妥协时，拥有确保它们占据上风的信念。

——英国《卫报》，2010 年 10 月 21 日

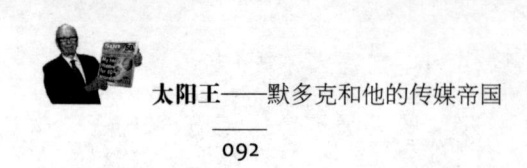

关于使用媒体兜售政治主张

至于说通过自己的报纸和电视，利用我们的政治影响力来支持特定的投资者，这简直是无稽之谈。关于在千禧巨蛋①的投资，那只是天空公司的一个赞助项目，但却遭到我们其他报纸的抨击，说这是荒谬之举。他们并不了解实情，我们不会做那种吃力不讨好的事情。

——向美国众议院司法委员会所作的证词，2003年5月8日

关于博客

现在，当专业记者的声音被压制，或者当他们在社会中的导航者地位被博客及博主所取代时，博客肯定会服务于强者的利益。博客可以扮演一种社会角色，但那种角色非常不同于寻求发掘真相的专业媒体的角色，不管这听上去叫人有多么不舒服。

——英国《卫报》，2010年10月21日

---

① 坐落在泰晤士河畔的一个具有白色圆顶、四周搭配钢骨支柱的醒目建筑，也是全球最昂贵的雄伟建筑（斥资将近7.6亿英镑兴建），曾被誉为英国最成功的收费观光景点，但该建筑从兴建到落成一直争议不断。2001年，千禧巨蛋被《福布斯》杂志列为全球最丑陋的建筑排行榜的首位。

第4章
一个长于谋略的传媒大亨的思考

关于富有良知的出版和富有活力的新闻

她(指玛格丽特·撒切尔)所支持的"强大的良知"的原则,一直是我的生活和事业的指南。公平地说,我们始终都在勤奋工作并且承担了巨大的风险。

我的职业生涯的许多重要时刻都出现在英国,包括在20世纪80年代从根本上改变了报纸行业,这使所有人都获得了我们今天所享有的富有活力的新闻。

——英国《卫报》,2010年10月21日

关于责任

责任止于那个签署支票的家伙。①

——鲁珀特·默多克

---

① 此语是套用了杜鲁门的名言"责任止于此处",源于20世纪40年代,是时任美国总统的杜鲁门为杜绝政府官僚推诿责任的作风而强调的一句话,以示自己以身作则、责无旁贷。

第 4 章
一个长于谋略的传媒大亨的思考

关于影响编辑产品

我尽量与细节保持联系……我平日里也会看看产品。不过这并不意味着我会干涉,但偶尔表现出参与能力也很重要。这表明我了解发生的情况。

—— BBC 新闻在线,2007 年 8 月 1 日

关于拥有一种优秀的声誉

我们的声誉比上次赚得的一亿美元利润更重要。

——金融在线网站,2010 年 7 月 5 日

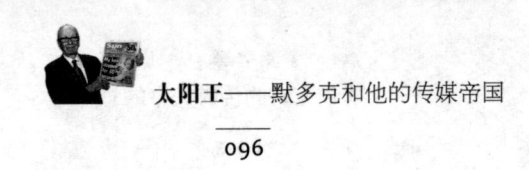

关于被问到谁要为那次电话窃听事件 ① 负责

（应负责的人当然是）我所信任的经营者，也许还有他们信任的人。我和辛顿②先生一道工作了40年，我一生都会信任他。

——向文化、媒体和体育委员会提供口头证词的原始记录，2011年7月19日

关于独立决策

如果你在每一个环节都要咨询很多委员会和董事会，那你就不可能建立起一个强大的公司。你必须有能力独立做出决策。

——美国CNBC有线电视新闻台，2012年3月

---

① 指《世界新闻报》所涉及的一系列窃听丑闻。由于涉嫌窃听众多名人、政治家、军人甚至伦敦地铁爆炸案遇难者家属的电话，该报招致公愤，2007年，英国首相卡梅伦宣布成立独立调查委员会进行调查。

② 指当时接受默多克委托、负责调查"窃听门"事件的新闻集团下辖的道琼斯公司首席执行官及新闻国际前总裁莱斯·辛顿。

关于教育

但是在西方社会,那个重大的、基础性的事情就是教育。随着全球化深入,如果我们让出生产过程的大部分,将其交给中国和印度那些每天会得到五美元钱报酬的人,他们和我们一样聪明,甚至比我们更加勤奋,那么我们的人民、我们这个世界上所有的人——而且我希望出现这样的结果——必然都会得到包括技能教育在内的更好的教育……

——《悉尼先驱晨报》,2004年4月7日

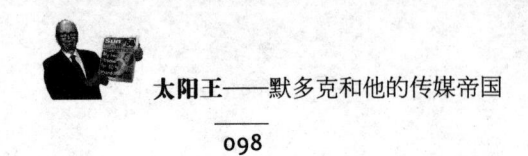

关于作为那种根深蒂固的英国式体制的局外人

我只是尚未准备加入那种体制……也许我只不过是具有作为一个澳大利亚人的某种卑微感。我的妻子有时会指责我这一点。事实上,只要你还有些钱,你的确更倾向于把你的孩子送到那所你完全负担得起昂贵费用的贵族学校,你也会加入那种可以利用校友关系为自己赢得好处的制度中去,于是,你就会不知不觉地被拉进那种传统体制中。我从来都不是那样的人,哪怕我有机会受邀去那种会看见莱姆顿勋爵[①]躺在床上或者诸如此类的地方。因为我们也会被禁止参与除此之外的其他的一切活动……在某些情况下,要想不被引入那个阶层是很困难的。我最不想做的事情,就是成为一个过于贪恋权势的新闻业的领主。我认为,当人们开始追逐骑士资格和贵族地位时,这就相当于告诉世人,你被收买了。我从来没有得到过那样的头衔。好吧,我承认有几次我是收到过成为骑士的提议,但是不,我是不会接受的。

——纽约《村声》,1976 年

[①] 英国律师、政治家与外交家,是国际联盟的创始人和捍卫者之一,在 1937 年曾获得诺贝尔和平奖。他曾先后就读于著名的英国伊顿公学和牛津大学法学院。

第 4 章
一个长于谋略的传媒大亨的思考

关于前哥伦比亚广播公司新闻主播丹·拉瑟的观点——政府应该资助处于困境中的报纸

我认为他是在胡说八道……而且那是很危险的谬论。我们不希望政府出钱……我们要有一个自由的并尽可能是竞争性的新闻业，或者是竞争性的信息行业，如果你愿意这么措辞的话。如果你开始让政府的钱流入，那你就不可能实现这一点。

——美国 PBS 电视台"大千世界"栏目，2010 年 2 月 5 日

第 5 章
他给整个互联网带来的影响

第 5 章
他给整个互联网带来的影响

关于谷歌错过收购 MySpace

我喜欢那些家伙,但他们有点儿傲慢。他们原本可以抢在我们之前用一半价格买下 MySpace。他们原本以为"那没什么特别的,我们能搞定它"。

——美国《连线》杂志,2006 年 7 月

关于收购 MySpace 的迫切性

我们决定迅速采取行动。我们开始寻找,于是发现了拥有 MySpace 的 Intermix 公司,而它距离被维亚康姆[①]收购只有三天的时间。我们走进了一个房间,当我们出来时,那家公司就是我们的了。

——《巴伦周刊》在线网站,2008 年 5 月 28 日

[①] 美国跨国传媒集团,主营业务包括电影和有线电视,拥有将近 7 亿的全球用户。

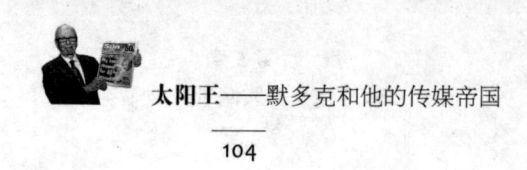

关于 MySpace 的潜力

当我们收购 MySpace 时，我们只是认为它充满各种可能性。我们没有意识到，它的成长速度和过去一样快。当然，它也导致了很多模仿者的出现——我想，他们正在把它称为 Web3.0 或者别的什么——也导致了你们所谓的社交网络的诞生。

去年 Facebook[①] 的情况狠狠地向我们敲了一下警钟。我们今年更新了很多新的东西，你不可能注销 MySpace。

——《时尚先生》在线杂志，2008 年 9 月 11 日

关于 MySpace 的估值

你们一直都在嘲笑我收购 MySpace。今天它值多少钱呢？它的价值超过了我们当初购买它的价格的二十倍以上。

——在高盛集团第十六届年度企业家大会上的致辞，2007 年 9 月 18 日

[①] 即"脸谱"网站，是创办于美国的一个社交网络服务网站，于 2004 年 2 月 4 日上线，也是世界排名领先的照片分享网站。

关于网站风险并购

我们在这个领域的资金投入量,与我们所有的竞争对手相比显得微不足道。我们已经放缓了速度,并且仍在放缓。我们很小心,而且始终都在试探着前进。事后看来,我们当初更应当这样做。

——新闻集团全体大会,2000 年 10 月

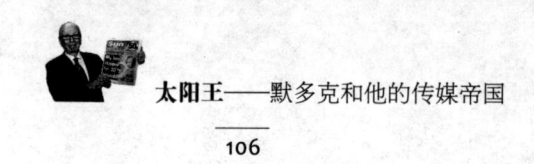

关于企业所有权发生变更的 MySpace 的前景

已经有大约六十封信写给鲁珀特·默多克的信在那里等着我，人们还在往那里给我寄信。有些信出言不逊，他们觉得 MySpace 是他们的，说那个大公司打算出手改变它。说实话，我们目前还没想过那样做。

——BBC 新闻在线，2007 年 8 月 1 日

关于 MySpace 5.45 亿美元的净亏损

关于 MySpace 有许多问题和笑话，简单的答案是：我们可能在各个方面都搞砸了，我们学到了很多有价值但却代价昂贵的教训。

——推特网站，2011 年 6 月 29 日

第 5 章
他给整个互联网带来的影响

关于收购互联网资产

让消费者拥有更大的选择权,正是本公司致力于实现的目标。没有哪一种媒介比选择互联网更为重要。这就是它所代表的机会和挑战如此吸引我们的原因。这是一个产生根本性变化的时期。因此,我们今年通过相对温和以及极其有针对性的投资,建立起了一个特殊的互联网项目,并且收购了相应的资产,它们立刻就给我们带来了数以千万计的新客户,而且在此过程中开始了公司的转型……我们现在拥有最强大的组合:适当的内容和关键的受众,并由此建立起了一个真正有利可图的网络空间。

——新闻集团公告,2005 年 10 月 21 日

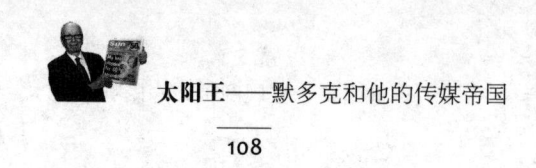

关于史蒂夫·乔布斯的 iPad

我认为这是笔记本电脑的终结……有人为我们发明了个人电脑，然后又发明了笔记本电脑，iPad 正在摧毁它们。这是一个神奇的时代。

——记者招待会，2011 年 2 月 2 日

关于背景和内容

史蒂夫·乔布斯在昨天展示了他的最新款 iPad。这很有趣。我和他再次体验了那个东西。我说："瞧，你创造出了这么多东西，它们很棒、很了不起，但你要是不给它们装上内容，它们就什么也不是。"他完全同意。

——美国 PBS 电视台"大千世界"栏目，2010 年 2 月 5 日

第 5 章
他给整个互联网带来的影响

关于为内容付费

任何内容,包括书籍及其他所有的一切,你都需要付费。这就是未来趋势……我们先不要谈报纸,新闻业需要花钱收集新闻,你需要花钱购买,它没有足够多的广告支撑。有线电视还好点儿,因为它可以由电缆供应商支付,其中涉及的费用当然可以转嫁给公众,而且还可以有一些广告作为补充。其他形式的新闻也应如此。

我们会尝试在这方面展开营销,而且我认为,人们会明白,为它付费的方式是完全公平的,否则的话,报纸都难以为继,所有的报纸!在互联网方面,所有的网站都没有足够多的广告支撑……广告量每年会增加两三倍,但实际金额每年只增加 10% 或 15%。刊登广告的价格在不断下降。

——techcrunch.com,2009 年 11 月 17 日

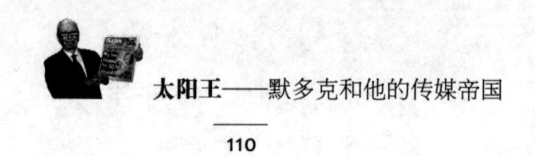

关于报纸的未来

报纸可以在网上赚钱吗？当然，它能够赚得足够多，但能多到足以取代在市场上销售的报纸本身吗？考虑到目前互联网是如此具有竞争力、如此新颖而廉价，答案是否定的。但是，不要把它看成是报纸，把它看成是一个新闻企业。如果你拥有权威和信任，如果你能让新闻有趣，那你就可以生存。

——美国《连线》杂志，2006年7月

关于平板电脑的数字墨水和市场生态

这些东西会在世界各地售出数千万部，它可能会比报纸节省，因为没有纸张、油墨、印刷和运输的成本。但它不会破坏传统报业，它仅仅是具有不同的形式。

——ibtimes.com，2011年2月2日

第 5 章
他给整个互联网带来的影响

关于听了微软联合创始人比尔·盖茨的劝后放弃收购 AOL[①]

当它价值四五十亿时,我们本来有机会介入,后来它的价值上升到 1 500 亿美元。那是我们错过的一个相当重要的机会。

——《诸神之战》,2003 年

关于投资互联网

今天对于本公司而言,最应当优先考虑的事项之一,莫过于从有意义和盈利的角度出发,扩大其在互联网的存在,并且给自己以正确的定位,以便我们从现在开始看到的宽带应用量的爆炸式增长中受益。

——分析师电话会议,2005 年 8 月 10 日

[①] 即美国在线服务公司,总部设在美国弗吉尼亚州的一家在线信息服务公司,可提供电子邮件、新闻组、教育和娱乐服务,是美国最大的因特网服务提供商之一。

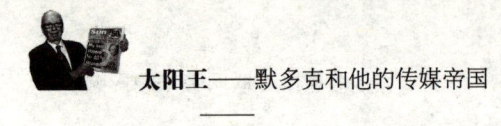

关于货币化搜索引擎和新闻聚合器

我们直言不讳,而且在为版权材料使用付费的整个问题上,我们都会更加直言不讳。这涉及每一个聚合器使用者,不论它是Yahoo!、Google、ask.com,还是其他任何企业。就和其他公司一样,我们聘用了数以万计的人。我的意思是,有数十亿美元——可能是每个月,但每个年度肯定如此——用于信息的收集以及相关的版权使用。对于公司而言,它不可能一面这样做,一面让自己拥有的材料被人偷窃,否则公司就会被毁掉。

——thestreet.com,2009年7月2日

第5章
他给整个互联网带来的影响

关于新闻集团的目标

互联网是一台了不起的矫直机。① 如今，报纸的利润显著减少。所以……正如我已经说过的那样，我想把新闻集团发展成为最大的内容公司，无论是在新闻、观点、写作，还是在电影或电视方面。我的意思是，现在有如此多的新渠道提供这些东西，我们必须使用所有这一切，看看什么才是经济的和高效的。我已经安排对此做深入研究，而且我认为，你们自己做了更多的研究。如果他们让《华尔街日报》可以免费阅读，而不是要价80美元，那结果会怎么样呢？

——《华尔街日报》在线周刊，2007年6月6日

---

① 一种对金属型材、棒材、管材、线材等进行矫直的设备，这里用的是比喻意义。

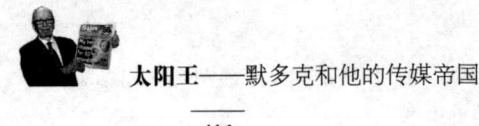

关于谷歌

  我们必须找到新的方法和新的商业模式去获得收入，否则的话，这个世界将要被谷歌所控制。在这个我不得不考虑的投资问题上，我曾被问到，是否预见到在全球范围内，在五年后将会面对什么样的竞争者。我说，我敢肯定这样的竞争者有很多，其中有一个是谷歌。它现在变得如此强大！我认识那几个家伙，也很喜欢他们，他们是我的朋友。但现实终归是现实。他们在某种程度上挖到了搜索广告的母矿，而且他们正在摧毁微软和雅虎搜索，并且让其他相关搜索变得不值一提。我不懂得那些技术，但不管那些技术是什么，它似乎正在产生比以往高得多的利润率。他们接下来会做什么呢？我今天在《纽约时报》看到，他们正在设计……将要赠送给消费者使用的多种计算机应用工具，这将直接挑战微软。因此，这将是非常有趣的。四五年前，我们都相信微软将会主宰世界，但现在，我们都相信它是谷歌。不过，这是另外一个层面的问题。

        ——《华尔街日报》在线周刊，2007年6月6日

第 5 章
他给整个互联网带来的影响

关于数字媒体的潜力

数字是一种手段,而不是结果。它是人们可以用来改变生活,改善他们的子女教育,改善卫生保健的途径;正如我们每个人都知道的那样,它也可以使我们获取海量的新闻、信息和娱乐……媒体公司都知道,如果你对于数字挑战不能够做出聪明的、创造性的回应,那么你的未来肯定会变得极为惨淡。世界上一些最著名的报纸,现在正在被消费者所抛弃,它们本应报道自己所在的社会,但不知何故,它们没有注意到这一点,也没有注意到社会正在发生根本性的变化。

——世界媒体峰会,2009 年 10 月 9 日

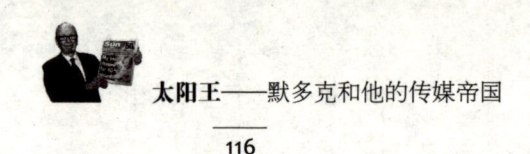

关于传统印刷的电子革命

互联网是我的一生当中也是数百年来发生的根本性的变化。有人日前说:"它是自古登堡①以来最伟大的东西。"然后又有人说:"不,它是自书写发明以来最伟大的东西。"

——bytesdaily.blogspot.com,2011 年 7 月 11 日

关于网络赋予人民的力量

要找到可以相媲美的东西,你要回头看看五百年以前的印刷机,那是大众媒体诞生的起点。顺便说一句,正是这种东西真正摧毁了国王和贵族的旧世界。技术是编辑、出版商、组织机构、媒体精英的移动电源。现在,是人民拥有了控制权……我们正在寻找那个终极机会。互联网是媒体的黄金时代。

——美国《连线》杂志,2006 年 7 月

---

① 即约翰内斯·古登堡(又译作"谷登堡"、"古腾堡"、"古滕贝格"),西方活字印刷术发明人,他的发明导致了一次传媒革命,迅速推动了西方科学和社会的发展。

第 5 章
他给整个互联网带来的影响

关于互联网审查

　　无论是何种形式的政府，最终都不会成功地完全控制或审查互联网。在个别国家，你可以禁止民众查阅某个词汇，但谷歌还是能够让数十亿人得到大量的知识和教育，尽管他们得到的可能不是政治信息。尽管如此，包括中国在内的一些国家还是做出了深思熟虑的决定，那就是允许接入互联网。他们认为，加入现代世界是必要的，哪怕他们将不得不忍受由此带来的各种结果。

　　　　　　　　——thedailybeast.com，2006 年 2 月 12 日

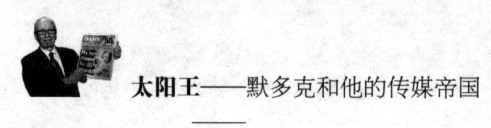

关于网上盗版者经常引用的"信息应当免费"的口头禅

有许多读者认为,当他们和一家互联网服务提供商签署了合作协议时,就意味着他们要为内容付费,并认定自己已经购买了一张享受内容自助餐的餐票。这种误导因为那些表达不清的内容说明和一些互联网内容提供商的谬论而进一步强化了。

内容的价值在过去十年里一直是不稳定的,但我们正在进入另一个决定性的设备制造商正在再次追赶内容原创者的时期。最近几天,当我在日本和韩国旅行并见到一些世界领先的电子产品制造商的时候,我已经感觉到了这种变化。这些公司不想为他们的客户提供数字垃圾,然而,如果内容和创造力的价值不被重视,那将是必然的结果。

数字时代的"腓力斯[①]属性"即将结束,聚合器使用者和内容抄袭者很快就将不得不为选用我们的内容而付出代价。但是,假如我们不推动支持内容付费的运动,最终付费的就将是内容原创者本身,就是这个大厅里的人们,而那些内容盗窃狂就将大获全胜。

——世界媒体峰会,2009年10月9日

---

① 指中东古国的腓力斯人,这里用的是其比喻意义,即"无教养"的意思。

关于内容为王

新闻集团正处在一个数字时代的尖端,内容不只是普通的王,它是皇帝。

——美国 PBS 电视台"大千世界"栏目,2010 年 2 月 5 日

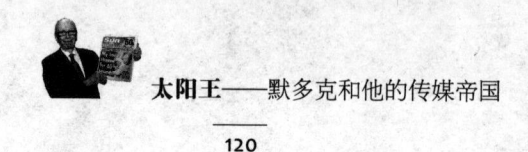

关于宽带的扩张

　　大多数报业公司仍把他们的头埋在沙土里，但其他公司却富有进取心。还有全新的创业公司，它们发展势头迅猛，这令人兴奋。在过去几年中，新闻集团一直在推动传统媒体的在线扩展计划。现在情况怎么样？我们看到宽带正在蔓延。在今天的整个世界上，只有 1.9 亿户家庭可以接收宽带信号。在未来 10～20 年的时间里，这个数字将至少增加到 30 亿户家庭。我们现在正处于转向数字媒体的初始时代。

——thedailybeast.com，2006 年 2 月 12 日

第 5 章
他给整个互联网带来的影响

关于计算机代沟

我是一个数字"移民"。我不是在网络上断奶的,也不是在计算机的娇宠中长大的;相反,我成长于一个新闻和信息仅由几个主编牢牢控制的高度集中化的时代。另一方面,我两个年幼的女儿却将成为数字"土著",没有无处不在的宽带互联网接入,她们永远都不会了解这个世界。

——新闻集团公告,2005 年 4 月 13 日

关于数字化时代的信息速度

这些都是将成为未来几代人的榜样的复杂人物(角色)。在这个数字压缩时代,变化将会快速进行,信息的速度将会放大差异性,并且让冲突变得更激烈。但我相信,我们越是彼此了解,就越是清楚我们有多少共同点……

——在日本《读卖新闻》"东京国际经济学术会议"上的致辞,2006 年 11 月 6 日

第6章
声明与政治

第 6 章
声明与政治

关于伊拉克战争

时任美国国防部部长的唐纳德·拉姆斯菲尔德曾经乐观地说,它将是一场非常短暂的战争:"我估计只需要 6 个月。"不幸的是,战争一再拖延,跨越 8 年之久:我认为最重要的是,这个世界尊重我们,这比它爱我们要重要得多……这当中会有附带损害。如果你真的想下点儿狠心,那最好现在就把它终结,而不是延续数月以上……不管是在那里还是在伦敦,我们都可以清晰地听到人们发出的更加痛苦的声音,这将从心理上动摇这个国家。

——英国《卫报》,2003 年 4 月 3 日

关于新闻集团影响伊拉克战争议程的指控

不,我不这么认为。我们尝试过……我们基本上支持布什的中东政策……但我们一直都在批评他的具体实施过程。

——世界经济论坛,2007 年 1 月 26 日

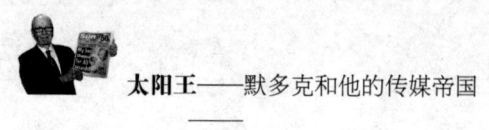

关于美国房地产泡沫

我们很容易把责任归咎于自由市场，但房地产泡沫是怎么出现的呢？之所以会有房地产泡沫，是因为国会力推房利美和房地美①把钱借给买不起房子的人，并让房价产生泡沫。另外，美联储执行了过于宽松的货币政策，于是就自然而然地导致了这种结果。出现了泡沫之后，就必须把它刺破，而这必然会带来阵痛。这就是我们现在正在经历的情况。

——福克斯商业新闻网采访，2009年4月28日

关于支持奥巴马总统的《纽约时报》

我一向尊重《纽约时报》，但它确实唯奥巴马先生马首是瞻，你可以看到这一点。白宫通过为它提供故事以及其他内容的方式对其进行行贿。

——huffingtonpost.com，2010年6月6日

---

① 美国最大的两家住房抵押贷款融资机构。这两大机构持有或担保的住房抵押贷款超过50 000亿美元，占美国120 000亿住房抵押贷款余额的近一半，由此可见，这两大机构在美国房地产市场中具有举足轻重的作用。

第 6 章
声明与政治

关于政府监管和自由市场

无论我们喜欢还是不喜欢,政府监管的力度都将会不断加大,同时,政府也会把很多纳税人的钱用于商业,它们将会发挥更大的影响。这是不可避免的结果,我们必须接受它。另一方面,我们也不得不承认,我们想要避免过度管理,我们始终相信自由市场体系。

——福克斯商业新闻网采访,2009 年 4 月 28 日

关于经济衰退和奥巴马政府

我们现在有一个巨大的赤字,我们正在印钱、借钱。如果没有美元的长期良好表现,我们也不可能在这两方面做得更多……而这将导致更深层次的衰退。总统和政府都掉入了陷阱,他们在某种程度上是自食其果。他们肯定不可能实施第二次刺激计划。

—— wallstreetpit.com,2009 年 11 月 19 日

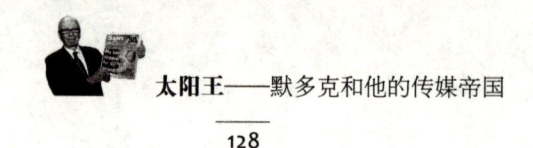

关于中国的政策

如果你今天去一个中国家庭，你会听到对中国的政策和政府的批评或者公开讨论，这在几十年以前是不能想象的。另一方面，如果你走上街头，想要找到有人拿着话筒公开演讲的场面，那就很难如愿。他们很快就会被撵走。尽管如此，我要说的是现在已经自由多了。对于普通公民而言，现在比过去更加开放。不过，因为他们认为其高于一切的工作就是保持国内稳定——别忘了，在文明进程中，这种稳定曾多次被干扰和打破，他们必须这样做——因此，他们一直试图严格控制平面媒体以及通过电视频道传播的信息。我认为他们在这方面正逐渐变得宽松，虽然不能说已经从根本上做出了改变。

——《默多克的新世纪：一个媒体帝国的数字化改造》，2002年

第 6 章
声明与政治

关于中国的改革开放

没有改革开放政策,中国仍将是一个极其封闭的欠发达国家,该国富有才华的国民就将永远无法发挥他们的潜力。在过去三十年,中国重新向世界打开了大门,才恢复了它固有的活力。这个例子生动地说明,为什么我们必须确保世界各国都实行国内商业开放政策,同时也要彼此开放。

——在日本《读卖新闻》"东京国际经济学术会议"上的致辞,2006 年 11 月 6 日

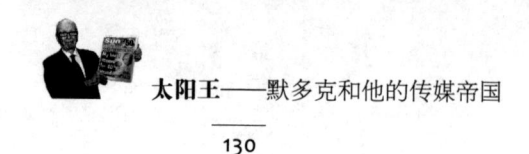

关于新闻管制

新闻自由是少数国家的特权,还是所有国家的权利?互联网上的信息流应当被堵塞吗?谁应该去做那种堵塞的事情?能够建立起一种挡住外部世界信息的屏障吗?随着亚洲的发展,人们对于价值观有着激烈的争论。有些人认为,西方国家正试图将他们的价值观强加给该地区……新闻自由也需要公司、政府和个人对其承担责任。问责制度并不是西方独有的价值观,它是一国成功的一个必要条件。

——在日本《读卖新闻》"东京国际经济学术会议"上的致辞,2006年11月6日

第6章
声明与政治

关于中国和印度之间信息流的对比

关于中国和印度之间优势和弱势的对比，有一种激烈的争论，但有一个事实是无可争议的，即在一个充满残酷竞争的世界上，信息的自由流动是一个关键性的优势。毫无疑问，印度正在诞生成千上万的经理人，他们能够管理全世界任何地方的任何公司。同样毫无疑问的是，假如印度试图筑起一道大坝，阻塞事实或者意见的流动，那么，那些令人印象深刻的经理人就不可能以同样令人印象深刻的数目涌现出来。

——在日本《读卖新闻》"东京国际经济学术会议"上的致辞，2006年11月6日

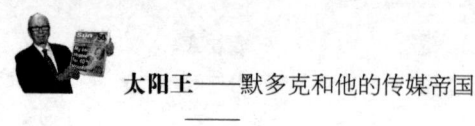

关于复杂难测的中国市场

我们在中国做得不算太好，但我们仍旧有兴趣。我们刚刚卖掉了凤凰卫视的一半股份①……相对于我们的总投资来看，我们已经拿到了五倍的回报，我们还将与他们继续合作。我们引入了一个新的合作伙伴——中国移动。这是一个非常良好的基础，我们认为前景非常看好。我们有自己的小平台——星空传媒，它在上海创立，向整个东南地区辐射。它目前基本上是一个保本的经营。

我们很谦逊。我想说的就是——就这一点，我愿意和任何人辩论——还没有哪一家美国媒体公司或英国媒体公司在那里产生过任何影响。可能有一家中国 MySpace 已经获得了授权，但到目前为止，你只能感觉到我们在那里的存在……这是一个巨大的市场，但它肯定也是一个非常非常敏感的市场……它对于缺乏经验的局外人来说，是一个非常艰难的市场。

——indiantelevision.com，2007 年 2 月 8 日

---

① 2006 年 6 月，中国移动（香港）集团出资 12 亿港元，从当时拥有 38.8% 凤凰卫视股份的新闻集团旗下的星空传媒购入凤凰卫视 19.9% 的股份，成为第二大股东。

第6章
声明与政治

关于和中国打交道要有耐心

中国很大,但还没有全方位开放,我们会保持我们在那里的存在。我们会一直坚持做到最好……这是一个主权国家,它有它做事情的方式,我们只能等待。

——纽约媒体活动周,2007年2月8日

关于在中国建立一个媒体立足点

新闻集团非常希望发掘在中国的合作机会,这是基于对中国独特的文化和社会价值的尊重和理解。当然,对于在中国做生意,我们还有很多要学的地方,而且我们犯了一些错误。

——与丁关根[①]在北京会面,1997年10月24日

[①] 时任中央政治局委员和中央书记处书记,并兼任中央宣传部长。

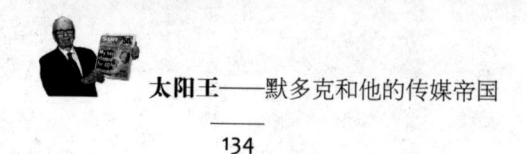

关于中国欢迎新技术

　　中国并不回避新的信息技术，而是充满热情地接纳它们，这证明了曾经持怀疑态度的人——包括我自己——都是错的……电信事业的进展有助于文化事业和生活方式的转变。然而，各个国家都保留了自己的社会和道德价值观，媒体对此必须顾及而非视而不见。中国是一个有着独特的社会和道德价值观的独特的市场，西方企业必须学会遵循那种价值观。

　　　　　　——世界期刊出版商大会主题演讲，1997年5月15日

关于伊拉克战争

我们现在不能退缩,不能把整个中东交给萨达姆……我认为布什现在所做的事情合乎道义,非常正确,我认为他会坚持到底。

——英国《卫报》,2003 年 2 月 11 日

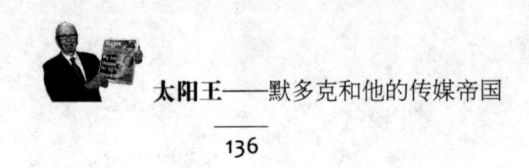

关于乐观主义、石油和其他

谁知道将来会怎样？从中长期角度来看，我非常乐观，但伊拉克的解放之路可能不会一帆风顺。不过，一旦我们取得了胜利，整个世界都将从廉价的石油中受益，这将比其他任何东西都令人振奋。

——英国《卫报》，2003 年 2 月 11 日

关于相信每桶 20 美元的廉价石油将是伊拉克战争的一个结果（根据 oil-price.net 提供的数据，截至 2012 年 4 月，每桶布伦特原油价格为 122.34 美元）：对于世界经济而言，这场战争所带来的最美妙的事情——如果你愿意这样措辞的话——就是每桶 20 美元的石油。这是比任何国家的减税行为都更有价值的事情。

——英国《卫报》，2003 年 2 月 11 日

第 6 章
声明与政治

关于英国首相托尼·布莱尔支持美国总统小布什的伊拉克战争

我认为托尼对于他在中东所持的立场是相当富于勇气和决心的。对一个生活在主要是由下意识的反美主义和某种和平主义所构成的群体中的人而言，要做到这一点并不容易。但我认为他的确表现出了极大的勇气，正如他在科索沃以及前南斯拉夫的各种问题上所做的那样。

——英国《卫报》，2003 年 2 月 16 日

关于他在国会山[①] 为人所知的影响力

影响力？什么影响力？我在那里没有任何影响力。我在那里的影响力并不比任何美国人更大。说我在国会山那里有一定的影响力，这完全是胡扯。

——《诸神之战》，2003 年

[①] 国会山就是通常说的美国国会大厦，指作为美国国会办公机构的国会建筑，它坐落在华盛顿特区国会山的顶部、国家街的东端。尽管地理上并不在华盛顿特区的中心，但还是由于它的特殊地位而成为外界关注的焦点。

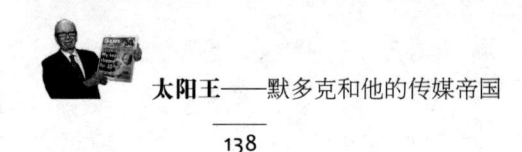

关于他支持报道的水门事件① 和理查德·尼克松

我和这个国家的大多数同行有所不同,因为我认为对抗性新闻的新时尚已经到了危险的边缘。我们可以——而且确实是在——阅读成千上万份有关我们的国防问题和外交政策的报告,却不愿承认今天所存在的足以破坏我们自由的巨大风险,不愿承认俄罗斯和古巴的军事基地对这个大陆可能造成的可怕后果。这是一种耻辱……媒体从整体上……不假思索地接纳了一个让我们的社会发生分化并给其带来痛苦,却没有帮助真正的贫穷者的所谓福利政府。这是一个令人遗憾的事实。

——《默多克:一个媒体帝国的塑造者》,1997 年

---

① 又称水门丑闻,是美国历史上最不光彩的政治丑闻事件之一,对美国本国历史以及整个国际新闻界都有着长远的影响。在 1972 年的总统大选中,为了取得民主党内部竞选策略的情报,1972 年 6 月 17 日,以美国共和党尼克松竞选班子的首席安全问题顾问詹姆斯·麦科德为首的五人,闯入位于华盛顿水门大厦的民主党全国委员会办公室,在安装窃听器并偷拍有关文件时当场被捕。由于此事,尼克松于 1974 年 8 月 9 日辞职,从而成为美国历史上首位辞职的总统。

关于对抗传统体制的代价

有时候,你会被看作是一只出现在宴会上的臭鼬。这就是任何挑战现状的人的命运。

——《诸神之战》,2003 年

第 7 章
电话窃听

第 7 章
电话窃听

关于被杀害的 13 岁女孩米莉·道勒：由于她的手机被窃听，这给了她父母一种虚假的希望，觉得她还活着

我在两周前才听说米莉·道勒那个案件的情况，当时我感到十分震惊和惭愧。

——《悉尼先驱晨报》，2011 年 7 月 20 日

仅仅是和道勒的父母达成和解协议一项，就花掉了默多克 3 200 万英镑，更不要说与其他受害方达成的其他代价昂贵的和解协议。这篇有关窃听米莉·道勒手机的辩解文也被印刷出来：我们很抱歉！

《世界新闻报》所从事的是向一切有责任者问责的事业。对于一家向有责任者问责的报纸而言，当涉及向其自身问责时，它却未能做到。

我们对于发生的严重不当行为深感遗憾。

我们对于遭受影响的当事人所经受的伤害深感遗憾。

我们对于没有更快地采取行动以解决问题感到后悔。

我意识到，仅仅道歉是不够的。

我们的业务是建立在一种观念之上的，那就是，一个自由和开放的新闻界应该是一种积极的社会力量。我们需要践行这一点。

在未来的日子里，我们将采取进一步的具体步骤解决这些问题，并对已经造成的伤害做出修补。你们会听到我们的答复。

——《今日美国》在线网站，2011 年 7 月 15 日

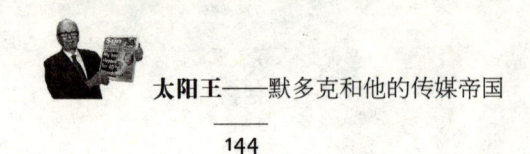

关于电话窃听丑闻

  我们有非常严格的规定。在五年多之前有一个类似事件，那个购买了窃听到的通话内容的人被立即解雇了，事实上，他随即就被关进了监狱。在今天这件事上，已经有过两次议会启动的调查，但没有发现进一步的证据或者其他任何东西。如果有什么需要曝光的事情，我们希望人们给我们证据。如果我们获得任何有说服力的证据，我们将立即采取行动，就像我们之前所做的那样。

——《梅恩调查报告》，2010 年 10 月 15 日

关于新闻集团怎样处理电话窃听丑闻

  （都是）小错误。

——《金融时报》，2011 年 7 月 14 日

第 7 章
电话窃听

《华尔街日报》对其老板默多克的"积极防御"的报道

  电话窃听是非法的,如何执法是英国当局的事情。当窃听事件几年前被第一次揭发时,假如伦敦警察厅未能充分处理好这件事,那么,这比窃听本身更令人不安……我们也相信,我们的读者能够看透我们的竞争对手和批评者的商业和意识形态动机,他们是那么幸灾乐祸,以致电锯都不能阻断它发酵和蔓延……在高声怂恿政治家们合力毁掉默多克先生和新闻集团的过程中,我们的媒体同行也应该考虑暂停下来,去了解一下更加恰当的做法。

——《华尔街日报》,2011 年 7 月 18 日

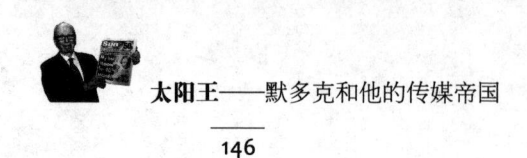

关于《世界新闻报》永久暂停出版[①]

违法者将一个品行良好的新闻编辑室的声誉彻底毁掉的过程，最初并未得到全面了解和获得充分调查。最终，《世界新闻报》和新闻集团错误地认为，这些问题仅限于个别记者所为……在没有充分掌握事实的前提下，该报就向议会做出了相关声明。这种做法是错误的。公司已经支付了由我批准的庭外和解协议确定的数额。现在我知道，当我那样做的时候，并未完全弄清楚整个事件。这个事件是错误的，并且让人深感遗憾……经咨询资深同事，我已经决定，关于那份报纸，我们必须采取进一步的果断行动，本周日将是《世界新闻报》最后一期出报。

——BBC新闻在线，2011年7月7日

[①] 由于电话窃听丑闻逐步升级，2011年7月，默多克宣布"永久暂停出版"《世界新闻报》。

第 7 章
电话窃听

关于支持丽贝卡·布鲁克斯[①]

我已明确表示,我们公司必须在所有调查中与警方充分和积极地合作。这正是新闻集团一直都在做的事情,并将继续在丽贝卡·布鲁克斯的领导下这样做。

——路透社,2011 年 7 月 6 日

[①] 《世界新闻报》主编,曾任新闻国际集团首席执行官,在新闻集团工作了 22 年。2011 年 7 月 15 日,她因《世界新闻报》电话窃听事件宣布辞职;7 月 17 日,她被英国警方逮捕。2012 年 9 月 3 日,布鲁克斯在伦敦因 2011 年的窃听丑闻而接受审判。

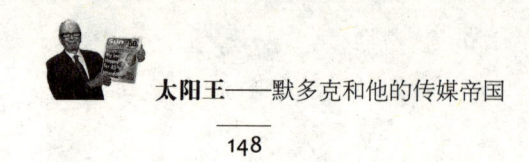

关于《世界新闻报》主编丽贝卡·布鲁克斯
在议会听证会上承认违法

很抱歉，我不知道这一点。请允许我说几句话，可以吗？这不是借口。也许这和我管理松弛有关。《世界新闻报》的雇员数量不到我们公司的1%。我在世界各地雇用了5.3万人，他们都是充满激情和自信、有道德、有能力的人，他们都是专业人才。或许他们的分布太过广泛，以至于我在观察和任命我所信任的部门管理者的过程中出现了问题。

——向文化、媒体和体育委员会提供口头证词的原始记录，2011年7月19日

关于所有的批评

我当然感到恼火。我会挺过来的！我感觉很累。

——《华尔街日报》,2011 年 7 月 14 日

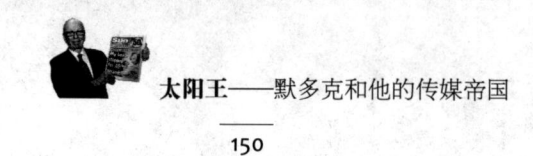

关于他的报纸在读者心目中的信誉

很重要的一点是,我们已经毁掉了读者对我们的信任。

——向文化、媒体和体育委员会提供口头证词的原始记录,2011 年 7 月 19 日

关于因为电话窃听丑闻可能给公司造成的后果

我们没有什么需要挽回的东西,我们在这个国家始终有着不错的声誉,因为我们提供过很多出色的作品。

——《华尔街日报》,2011 年 7 月 14 日

第 7 章
电话窃听

关于《太阳报》的推出

《太阳报》是在相关人员遭到逮捕的背景下推出的。从过去到现在，它的 9 名记者和高管人员就涉嫌贿赂并收买警察和政府官员被调查。我们将遵守法律，我们不会容忍非法活动，对于我们的任何出版物都是如此。我们的董事会、管理团队和我本人对这些问题十分重视。

我们正在竭尽全力去帮助那些被逮捕的人——在被正式指控之前，所有的猜疑都只是猜疑——而且欢迎他们重返工作岗位。新闻集团将会承担他们的法律费用。在被证明有罪之前，每个人都是无辜的。

我在去年夏天有过承诺，我会尽我所能去深究我们的问题，使本公司在合乎道义的新闻方面成为舰队街楷模。我们将继续确保采取一切恰当的措施，保护合法的新闻特权和新闻来源。我知道，这对于你们所有人做好本职工作是必不可少的环节。不过无论怎样，我们都不可能保护贿赂过政府官员的人。

——写给新闻集团雇员的一份备忘录，2012 年 2 月 17 日

关于新闻集团在电话窃听丑闻中的问责过程

正如已被广泛宣传的那样，因为电话窃听丑闻，我们公司的《世界新闻报》在英国遭受重创。我在那次议会听证会上已经说过，这个事件是我的职业生涯中最让我感到难堪的事件。

我要做明确声明：《世界新闻报》部分员工的行为是不可接受的，但它并不代表我们整个公司。它违背了我的立场和原则。这种行为不仅背叛了我们的读者，也背叛了我们公司在世界各地的其他成千上万的一流的专业人士。关闭《世界新闻报》是一个令人痛苦的决定，但它是正确的事。

就在我写这封信时，我们的董事会和高级管理人员正在采取果断行动去深入了解所发生的事情。我已经委托以前曾在美国司法部任职的乔尔·克莱因牵头处理这个问题。他向独立董事维特·汀报告，而后者将与其他所有独立董事定期会晤。董事会及本公司聘请了独立法律顾问，而且我们正在同英国和美国相关权威部门合作。总而言之，我们已经采取了果断的问责行动，我们将尽一切努力防止此类事件的再次发生。我们将会把事情做好。

——新闻集团年报，2011年

第 7 章
电话窃听

新闻集团对于窃听名人电话的道歉

经过广泛的内部调查和通过民事法律案件调查披露的事实之后，新闻集团已决定接触一些民事当事人，向他们做出毫无保留的道歉，并就符合特定标准的案件启动问责程序。

我们还委托律师建立一种补偿方案，以便公平、高效地处理正当的索赔。

这将开始将相关案件引向与受侵犯程度相对应的过程，以便公正地解决损害问题。

但是，我们将继续质疑那些我们认为查无实据或者我们对其没有责任的案件。

这就是说，《世界新闻报》过去涉及语音信箱拦截的行为是一件真正令人遗憾的事。

现在显而易见的是，我们以前的调查未能发现重要证据，我们承认我们当时采取的行动差强人意。

我们将继续与大都会警察通力合作。正是我们在一月份发现和自愿披露的证据，促使警方重新展开调查。

在调查结束之前，我们不会发表评论。

——新闻集团声明，2011 年 4 月 11 日

关于电话窃听丑闻向英国议会所做的发言

我觉得我所信任的人……我不说是谁……让我感到失望,我觉得他们的行为是可耻的。是他们付出代价的时候了。

——美国全国公共广播电台,2011年7月19日

第 7 章
电话窃听

向英国文化、媒体和体育委员会所做的最后陈述

谢谢，主席先生、委员会的诸位成员们，现在我想读一份简短的声明：今天，我和我的儿子带着对诸位、对议会以及对诸位所代表的英国民众的极大尊重来到这里。这是我一生中最卑微的一天，是我的职业生涯最暗淡的一天。在所有这一切发生之后，我知道，我们今天需要到这里来。我和詹姆斯想说，我们对所发生的事有多么难过，尤其是对于窃听犯罪受害者的语音信箱一事。

我的公司拥有 5.2 万名员工，我领导它已经有 57 年，我也有过这样那样的错误。我在许多国家生活过，雇用过成千上万诚实、勤奋的新闻工作者。我拥有 200 家左右不同规模的报纸，也报道过世界各地无数有关个人和家庭的故事。在我的记忆中，没有什么能比我听到道勒一家人不得不忍受的一切更让我感到厌恶了——我觉得就发生在上周——也没有什么能比我获悉《世界新闻报》可能加重他们的痛苦更让我感到愤怒。我要感谢道勒夫妇大度地给了我这个亲自道歉的机会！

我希望电话窃听的所有受害者都能够知道，我对于整件事是何等抱歉和难过。道歉虽不能逆转已经发生的事实，但我想让他们知道，对于他们的生活所受到的可怕侵犯，我感到多么遗憾！我完全理解他们的愤怒，我打算做出不懈努力以求得他们的宽恕。

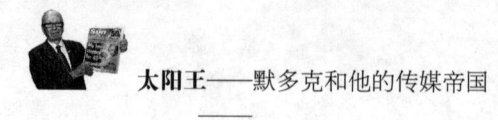

在与今天的会议以及今后的调查进行充分合作的问题上，我明白我们的责任。我们现在知道，《世界新闻报》犯了严重的错误。对于一家向有责任者问责的报纸而言，当涉及向其自身问责时，它却未能做到。已经发生的那种行为违背了我本人和我儿子的立场和原则。它不仅背叛了我们的读者和我本人，也背叛了我们公司在世界各地的其他成千上万的一流的专业人士。我需要明确地表明：因窃听语音信箱从而侵犯他人隐私的做法是错误的；贿赂警察以获取信息的做法是错误的。它们和我们的行为准则是不一致的，在我经营的这家公司的任何地方都不被支持。

不过，仅仅说对不起是不够的。问题一定要解决，没有任何借口。这就是为什么新闻集团正在与警方通力合作的原因，目的就是要看到正义得到伸张。不妨害司法程序的结果是我们的责任。我相信，调查委员会将明白这一点。我希望我们早日弄清楚并且全面解决这些问题。当有两个涉案者在 2007 年被送进监狱时，我以为此事已经了结了，警方也结束了调查，而且我被告知新闻集团也进行了一次内部审查。当詹姆斯后来重返新闻集团时，他也以为案子结束了。上述无疑是诸位今天希望探究的问题，而且也进行了探究。

这个国家给了我、我们的公司和我们的员工很多机会，我对此

第 7 章
电话窃听

深为感激。我希望我们对于英国的贡献有一天也会被认可。归根结底,我希望我们会逐渐了解过去的错误,防止它们再度发生,并在未来的岁月里,逐步恢复这个国家对于我们公司和整个英国新闻界的信任。我将尽我所能致力于实现这一目标。谢谢!

——向文化、媒体和体育委员会提供口头证词的原始记录,2011 年 7 月 19 日。

无论是好是坏,我们的公司都是我的思想、性格和价值观的体现。

——鲁珀特·默多克

第8章
默多克与邓文迪

第8章
默多克与邓文迪

关于默多克不惜一切代价要和邓文迪结合的坚定决心

我认为，是默多克和邓文迪的交往——这不是多么新鲜的爱情故事——导致了我们的婚姻解体。他坚持要和我离婚。我以为，我们会拥有一个美好的、幸福的婚姻。很显然，我们没有……我不想就这一点过多地指责谁……但是他极其强硬、无情，并且下决心做他想做的事，他根本不管我怎么想，也根本不管我为试图挽救婚姻所做的一切。他对这一切都没有兴趣。

这件事对我影响很大，原因不外乎我曾一直坚信，当你承诺对某个人忠诚并且一生照顾他时，你就应该努力坚持到底。你不会为了你自己的幸福而去伤害别人。所以在报纸上，你会看到他是离婚诉求的请愿者，而不是我。

——安娜·默多克，鲁珀特·默多克的第二任妻子

（《安娜与她的王国》，作者戴维·莱塞，《澳大利亚妇女周刊》，2001年8月）

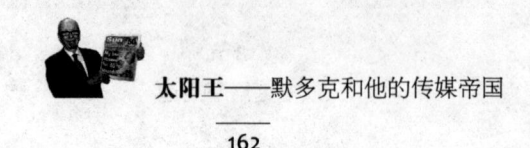

关于他们的第一次相识：坠入爱河

当我第一次遇见她时，她在新闻集团业务发展部门工作，当我们去中国各地旅行时，她负责为我讲解。谁不会爱上像她这样一个美丽的女人呢？

——鲁珀特·默多克

（2011年6月27日，在中国电视节目《对话》中与邓文迪共同接受采访）

关于那次初识之后的后续情况

这是一个非常有趣的问题，我很想和你多谈谈这件事。

——默多克回答采访者提出的有关中国市场等问题（《不会成为国王的男人》，作者史蒂夫·菲什曼，《纽约杂志》，2005年9月11日）

第 8 章
默多克与邓文迪

关于求婚

我爱她,并且向她求婚,她说"不"。我花了很长一段时间才说服她。她很强硬。

——鲁珀特·默多克

(2011年6月27日,在中国电视节目《对话》中与邓文迪共同接受采访)

关于邓文迪的恐惧感的平息

当他见到我时,他觉得他可以开启一段他喜欢的新生活。他急于了解一种新的文化。他一直在考虑,因为那时他的婚姻遇到了麻烦,他们已经开始分居。他想和我在一起,我说"不"。因为我想,我怎么能和你在一起呢?我需要一份好工作,我是从中国出来的,我付出了那么多努力才得到一所名牌大学的学位。现在我有一份好工作,如果那种关系失去了,我就会失去一切。他说:"不用担心,我会娶你。"

——邓文迪

(《勾引和抛弃》,作者马克·希尔,《名利场》,2014年3月)

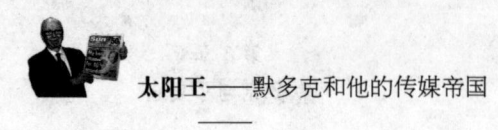

老婆永远是对的!

我和我老公相处得非常好,他像对待女王那样照顾我。他在各个方面都会妥协。当他的两个儿子结婚时,他给了他们建议,并告诉他们永远都要听妻子的话,因为老婆永远是对的!

——邓文迪

(2011年6月27日,在中国电视节目《对话》中与默多克共同接受采访)

关于支持邓文迪的职业目标

我的整个生命就是为她工作。

——鲁珀特·默多克

(出处同上。当时他被问道:"什么让你感觉更过瘾——是为你自己的新闻媒体工作,还是为邓文迪的电影宣传工作?")

第8章
默多克与邓文迪

对邓文迪的称赞

她教会了两个小女孩说流利的中文。除了我之外,家里人人都讲普通话。她们只是把她们认为我需要知道的告诉我。她是一个出色的妈妈,她让我拥有了两个漂亮的女儿,而且她是一个很不错的商人。

——鲁珀特·默多克

(2011年6月27日,在中国电视节目《对话》中与默多克共同接受采访)

为什么成功的男人需要一个贤内助

这会使他脚踏实地。

——鲁珀特·默多克

(出处同上)

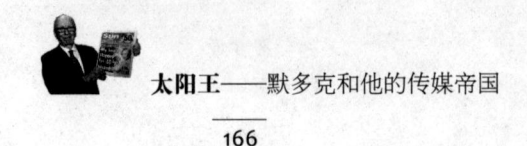

邓文迪的家庭角色

我是不会做那种居家型社交女人的。

——邓文迪对澳大利亚网络公司首席执行官布鲁斯·多佛如是说
(《勾引和抛弃》,作者马克·希尔,《名利场》,2014年3月)

邓文迪对托尼·布莱尔的迷恋

我是那样惦念托尼,我有太多太多的理由。他好迷人,他的穿着是那样得体。他有一副好身材,他的腿真的好性感……而且他体形苗条,皮肤也好。我爱那双富有穿透力的蓝眼睛。是的,我真是爱死了他那双眼睛。此外,我也爱他在政治舞台上的力量……还有其他什么什么的……

——邓文迪

(出处同上)

第8章
默多克与邓文迪

关于建设性的批评

在中国文化中，如果我对你很严格，我批评你，这意味着我爱你。在家里，我很严厉、很强硬。我经常批评和训斥他，并且对他说："我这样做都是为你好，因为我爱你。"……成功者哪有不听好话的？……所以我觉得，我应该成为那个人，告诉他应该怎样改进以及什么是不好的。

——邓文迪

（2011年6月27日，在中国电视节目《对话》中与默多克共同接受采访）

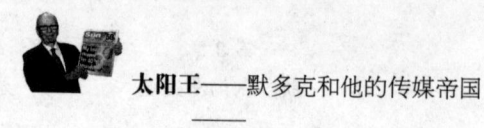

关于分道扬镳

嗯，你知道，每个人都在谈论这些事，却从不告诉我任何事……但我后来知道了发生在（加利福尼亚州卡梅尔）牧场的那两件相当有模有样的事（邓文迪一直在那里陪着托尼·布莱尔）。我当时是在澳大利亚。当我回来时，自然要问工作人员情况，于是就知道了。就是这么回事。接下来的事你就知道了：我在一周后申请离婚。我在第一时间找了律师。

——鲁珀特·默多克

（《财富人物专访：鲁珀特·默多克》，作者帕特里夏·塞勒斯，《财富》杂志，2014年4月10日）

最后的对话：走出爱河

（当邓文迪知道那个离婚申请后，她给默多克打了电话）我们之间没什么好谈的了。

——鲁珀特·默多克对邓文迪如是说

（《勾引和抛弃》，作者马克·希尔，《名利场》，2014年3月）

第8章
默多克与邓文迪

邓文迪的抗议

鲁珀特要和我离婚,我不知道为什么,我什么都没做。

——邓文迪

(《勾引和抛弃》,作者马克·希尔,《名利场》,2014年3月)

离婚对他的影响

啊!我一直不好过。对于这一点,我不想有任何隐瞒。

——鲁珀特·默多克

(《财富人物专访:鲁珀特·默多克》,作者帕特里夏·塞勒斯,《财富》杂志,2014年4月10日)

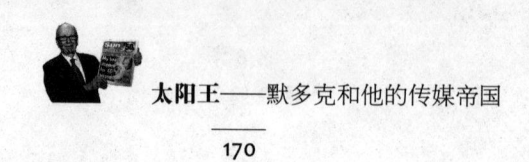

关于他唯一关心的事情——他的两个女儿

总之,一切都很快解决了。但我当时的处境很糟糕,我唯一担心的同时也是我最担心的,就是那场婚姻带给我的两个漂亮的小女孩。她们经常过来陪伴我。我觉得我的生活已经翻开了新的一页。

——鲁珀特·默多克

(《财富人物专访:鲁珀特·默多克》,作者帕特里夏·塞勒斯,《财富》杂志,2014年4月10日)

关于遗憾

我对整个名利场之类的东西感到遗憾。我希望我们能够平静地离婚。

——鲁珀特·默多克

(出处同上)

第 8 章
默多克与邓文迪

关于生活中没有邓文迪

我比以往任何时候都更加快乐。

——一位朋友引述鲁珀特·默多克所谈到的和邓文迪离婚之后的生活

(《勾引和抛弃》,作者马克·希尔,《名利场》,2014年3月)

第 9 章
大事年表

在其 2011 年年度报告中，新闻集团在"投资业务"这一主题下列出了 6 个细分行业：有线网络，电影娱乐，电视，直播卫星电视，出版，其他。新闻集团的活动主要在美国、欧洲大陆、英国、澳大利亚、亚洲和拉美。

该报告指出，新闻集团的年收入是 340 亿美元，其资产估值为 600 亿美元。

新闻集团在超过 50 个国家的 800 多家公司开展业务。

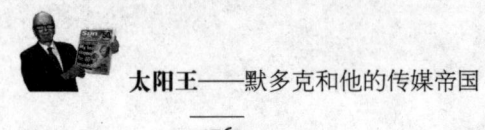

1931年3月11日

基思·鲁珀特·默多克出生于澳大利亚墨尔本,父母分别是基思·默多克爵士和伊丽莎白·格琳。鲁珀特·默多克有三个姐妹,但没有兄弟。

1941年

鲁珀特·默多克进入吉隆文法学校——一所著名的澳大利亚寄宿学校,他在那里第一次接触了出版:与别人合作编辑学校的官方杂志《巨石》,并且编辑学生刊物《生机》。

1949年

鲁珀特·默多克从吉隆文法学校毕业。

1950年

鲁珀特·默多克进入牛津大学伍斯特学院,学习哲学、政治与经济。

1952年10月4日

鲁珀特·默多克的父亲基思·默多克爵士去世。默多克进入家族企业新闻周刊有限公司。他作为《阿德莱德新闻报》的发行商开

第 9 章
大事年表

始了报业生涯。基思·默多克爵士在其遗嘱中这样写道:"……我希望儿子鲁珀特·默多克能够顺利参与报纸和广播活动,并在我的受托人的支持下(倘若他们认为他有资格获得支持的话),最终承担起更大的责任和使命,从而实现具有利他主义特征、充实而且有益的一生……"

1953 年

鲁珀特·默多克从伍斯特学院毕业并获得硕士学位。

默多克在伦敦《每日快报》跟从推行"新闻黑色艺术"的比弗布鲁克[①]勋爵做了为期六个月的学徒。比弗布鲁克把独立报纸的好处灌输给他,并且告诉他:"如果你为我工作,你永远都不会成为一个百万富翁,但你会活得像一个人。"

9 月份,默多克接替父亲职位,正式接过新闻有限公司出版商的衣钵。

1955 年

默多克合并了两个竞争对手的报纸——《星期日邮报》和《广告人》。

[①] 原名威廉·马克斯韦尔·艾特肯,加拿大裔英国报业大亨,两次世界大战期间均在英国议会内阁任职的三人之一(其他两位分别是温斯顿·丘吉尔和约翰·西蒙)。

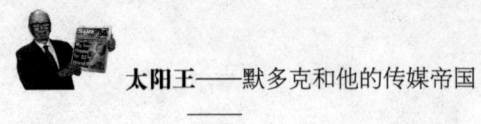

1956 年 3 月 1 日

默多克娶帕特里夏·布克为妻。

1958 年

8 月 12 日，默多克和帕特里夏的第一个孩子普鲁登斯出世。

默多克收购阿德莱德的"第九频道"。

1960 年

默多克收购悉尼小报《每日镜报》。

1962 年

默多克收购总部设在新南威尔士卧龙岗的"WIN4 频道"。

1963 年

默多克购买了亚洲杂志有限公司的部分股权。

1964 年

默多克收购新西兰的《主权报》，并开始创办《澳大利亚人报》（又称《澳洲人报》）。

1967 年

默多克和帕特里夏离婚。

4月28日，默多克与安娜·托芙结婚。

1968年8月22日

默多克和安娜的第一个孩子伊丽莎白出生。

1969年

默多克获得伦敦报纸《世界新闻报》的控股权。

默多克收购伦敦大报《太阳报》。

1971年9月8日

默多克和安娜的第一个儿子拉克兰出生。

1972年12月13日

默多克和安娜的第二个儿子詹姆斯出生。

1973年

默多克搬到德克萨斯州圣安东尼奥市，并收购了《圣安东尼奥快报》。后来，他和家人搬迁至纽约。

1974年

默多克开始出版《美国星报》，这是一份全国性的报纸。

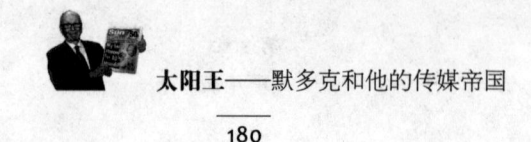

1976 年

默多克收购了美国两家出版物——《纽约邮报》和《纽约杂志》。

1979 年

默多克获得两家公司的控股权——美国电视广播者有限公司和安捷运输企业。

默多克创建新闻集团,作为新闻有限公司的一家控股公司。

1981 年

默多克收购了英国两家报纸:《泰晤士报》,一家伦敦大报;《星期日泰晤士报》,一家全国性的英国大报。

1982 年

默多克收购《波士顿邮报》。

1984 年

默多克因其对于"媒体事业,特别是报纸出版业的贡献"被授予澳大利亚 AC 勋章。

1985 年

新闻集团发布公告说,它将收购一家美国电影公司——二十世

第 9 章
大事年表

纪福克斯电影公司的一半股权。9 月 23 日，新闻集团又购买了另一半股权。

新闻集团宣布收购美国地铁传媒电视台的计划。

默多克归化为美国公民，并且根据澳大利亚法律，他将自动失去他在出生国的公民身份。（默多克为了促进商业事务的便利而选择加入美国国籍，因为非美国公民无权收购美国电视台。《纽约时报》专栏作家威廉·萨菲尔这样写道："他成为一名美国公民的主要理由，是否仅仅是出于对权力的贪婪和欲望呢？……美国人应该提醒他，效忠美国意味着忠诚，甚至是绝对的忠诚。"）

1986 年

新闻集团卷入了一场劳动纠纷。因为默多克以加速现代化的名义合并了公司在（伦敦）沃平的印刷业务，这导致了一场带来激烈冲突和付出高昂代价的劳动纷争。

默多克创建福克斯公司。

1987 年

英国报业大亨罗伯特·马克斯韦尔在蓄势收购英国报纸《今日报》的过程中，不明智地把他的计划告诉了默多克，后者遂以 3 800 万英镑的价格先于前者收购了该报。凭借增加到其资产当中的这第五份报纸，默多克拥有英国报纸的三分之一。

在收购了纽约 WNYW-TV 电视台之后，受制于有关媒体交叉所有

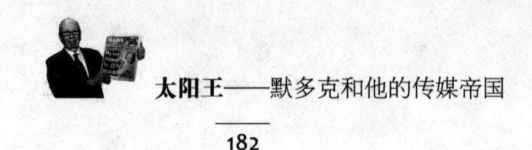

权的联邦法规的规定，新闻集团被迫出售《纽约邮报》。

1988 年

新闻集团发布了创建天空电视台的公告。

1989 年

新闻集团收购了美国图书出版公司哈珀柯林斯——纽约市出版商"六巨头"之一。

1990 年

新闻集团通过合并天空电视台与英国卫星广播，建立了英国天空广播集团（BSkyB）。

新闻集团面临一次重大的财务危机，因为美国宾夕法尼亚州匹兹堡市一家小银行拒绝延期收回 1 000 万美元贷款，并且要求立即全额支付。那家银行无视新闻集团将会因此被迫进入非自愿破产程序这一事实。

1991 年

面对新闻集团无法按期还款这一情况，相关银行财团同意重新调整贷款协议。新闻集团由此避免了发生一次金融崩溃的灾难性危机。

第 9 章
大事年表

1993 年

默多克当时拥有的杂志《新思路》率先发表了从英国柴郡伊顿大厅的一部座机电话中非法录制的查尔斯王子与其情妇卡米拉的通话的文字记录。由于未能及时地平息围绕所谓"卡米拉门"所产生的争议，查尔斯王子对此一直保持缄默。在英国，默多克的《太阳报》把那份文字记录完全刊登出来，报纸当日销量翻番至 130 万份。

力图收购休斯电子公司 34% 的股份的默多克在美国众议院司法委员会面前作证，解释了新闻集团就"直播卫星服务于多通道视频分销市场"的意见。当被问及他"对于我们的报纸或者电视的政治影响"时，默多克回答说："这是无稽之谈！"

1996 年

新闻集团具有保守主义性质的福克斯新闻网开播，为美国有线电视新闻网——一个全天候的新闻电视台——提供了一种备选。

1997 年

致力于扩大在中国的广播业务的默多克前往北京，并在那里会晤了时任国务院副总理的朱镕基。

1998 年

默多克和安娜离婚。

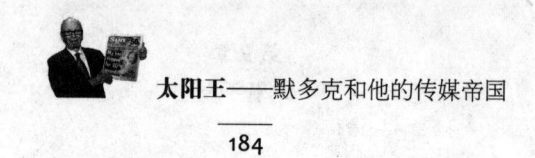

1999 年 6 月 25 日

默多克娶邓文迪为妻。

2000 年

69 岁的默多克被诊断患有前列腺癌（他的父亲在 67 岁时死于同样的疾病）。

2003 年

默多克以 600 亿美元的价格收购了一家美国卫星电视公司 DirecTV。

默多克公开声援美国总统小布什和英国首相托尼·布莱尔对伊拉克战争的支持。

2005 年

新闻集团以 5.8 亿美元的价格收购了拥有 MySpace 社交网站的 IntermixMedia 公司，还以 6.5 亿美元的价格收购了 IGN 电子游戏网站。

2007 年

新闻集团以 500 亿美元的价格收购了道琼斯公司，这是一次创纪录的购买交易。此时，默多克已经拥有久负盛名的《华尔街日报》、《巴伦周刊》、《远东经济评论》杂志、《财智月刊》杂志、

第 9 章
大事年表

MarketWatch.com 和两个广播节目(《华尔街日报报道》和《道琼斯报道》)。

2009 年

作为付费在线访问的长期支持者,默多克宣布,他将为他的报纸实施付费在线阅读政策。

2010 年

《泰晤士报》和《星期日泰晤士报》开始对在线访问收费。

2011 年

新闻集团的英国报纸《世界新闻报》卷入一起电话窃听丑闻并引起巨大反响。默多克与其儿子詹姆斯向英国议会的文化、媒体和体育委员会提供证词。

在这次丑闻之后,这家拥有 168 年历史的著名小报永久关闭。该报最后一期的大字标题措辞简单:"谢谢你们,再见!"

2012 年

默多克同意以数百万英镑的价格补偿,与《世界新闻报》电话窃听丑闻牵涉的 19 个名人受害者达成庭外和解。

原英国天空广播公司董事长、默多克的儿子詹姆斯在电话窃听丑闻发生之后辞职。

译后记

默多克原籍澳大利亚，后加入美国国籍。他所创建的新闻集团是当今世界上规模最大、国际化程度最高的综合性传媒公司之一，截至2013年6月，该公司净资产超过400亿美元，而默多克的个人财产已超过110亿美元。

1931年3月11日，默多克出生于澳大利亚的墨尔本。其父基思·默多克是澳大利亚《先驱和新闻周刊》董事长。1952年其父去世后，默多克继承了《阿德莱德新闻报》。在短短三四十年间，默多克就将其发展为横跨四大洲，涉足广播、影视、报业等诸多领域的传媒帝国。尤其令人惊叹的是，默多克由小报老板发展成为国际报业巨头的过程，几乎不费吹灰之力，不少奄奄一息的报纸一到这个语速缓慢、看上去慈眉善目的男人手中，立刻就能起死回生，难怪他被冠以"传媒大鳄"、"报业怪杰"之名。他的一个朋友甚至感慨地说："默多克总是能利用别人口袋里的钱把事办成。"

另外，默多克的投资范围也极为广泛，除出版业外，从宣传媒介到电视台，到石油钻探乃至牧羊业等，他都一一涉足。1983年，他首先在伦敦买下一家卫星电视公司69%的股权，接着在美国收购了好莱坞二十世纪福克斯公司的一半股权。1985年，又以15亿美元收购美国多家地方电视台，从此"默多克旋风"轰动了整个世界。如今，在他的麾下，既有久负盛名的英国《泰晤士报》，也有美国电影界的大腕级电影公司——20世纪福克斯公司。目前，他的事业仍在不断发展之中。

除了事业之外，默多克的感情生活同样吸引着人们的眼球。他先后有过三次婚姻：1956年，他与第一任妻子帕特里夏结婚，在生下长女普鲁登斯后，二人于1967年离异。同年，他与19岁的爱沙尼亚裔天主教徒、《每日镜报》记者安娜结婚，婚后生下女儿伊丽莎白以及两个儿子拉克兰和詹姆斯。1999年，在与安娜的离婚协议生效后仅17天，68岁的默多克便迎娶了31岁的华裔女子邓文迪，为此一度引发了家族内部激烈的纷争，但默多克说，"这桩婚姻让我年轻了30岁"。接着，邓文迪生下两个女儿格蕾斯和克洛伊。2013年6月13日，默多克提出与邓文迪离婚（他们二人从恋爱到结婚再到离婚的过程，始终是公众津津乐道的话题之一）。

本书编撰者、著名作家乔治·比姆曾出版过世界级畅销书《乔布斯语录》，本书是他最新推出的以默多克为目标对象的又一部精彩之作，书中有针对性地采撷了默多克（以及其他相关人等）的报刊和电视访谈、公开演讲、司法诉讼文本和议会证词的精彩言论，读者既能从中发现默多克富有传奇色彩的职业生涯的点点滴滴，领略他在商业、教育、技术等诸多领域的深邃洞见，亦可窥见他精彩纷呈而又不为人知的情感生活，堪称是研究默多克其人其事不可多得的优秀作品。

值得一提的是，译者能将本书顺利译成中文并推介给广大读者，与蔡建坤、林月平、王伟、孟繁国、高敏敏等人的大力支持与协助是分不开的，在此谨致由衷的谢意！

于海生
2015年1月28日

图书在版编目（CIP）数据

太阳王：默多克和他的传媒帝国 /（美）比姆编著；于海生译. —北京：华夏出版社，2015.6
（世界名人传记译丛）
书名原文：The sun king：Rupert Murdoch in his own words
ISBN 978-7-5080-8473-2

Ⅰ. ①太… Ⅱ. ①比… ②于… Ⅲ. ①默多克，R.L.—传记 Ⅳ. ①K836.115.42

中国版本图书馆 CIP 数据核字（2015）第 087480 号

THE SUN KING：RUPERT MURDOCH IN HIS OWN WORDS
Copyright © 2012 by GEORGE BEAHM.
Through arrangement with the Mendel Media Media Group LLC of New York.
Simplified Chinese translation copyright © 2015 Huaxia Publishing House.
All Rights Reserved.

本书中文简体版权由 Hardie Grant Books 授予华夏出版社，版权为华夏出版社所有，未经出版者书面允许，不得以任何方式复制或抄袭本书内容。

版权所有，翻印必究。
北京市版权局著作权合同登记号：图字 01-2015-0800

太阳王——默多克和他的传媒帝国

作　　者	［美］乔治·比姆
译　　者	于海生
责任编辑	李雪飞
出版发行	华夏出版社
经　　销	新华书店
印　　刷	北京京科印刷有限公司
装　　订	三河市少明印务有限公司
版　　次	2015 年 6 月北京第 1 版 2015 年 6 月北京第 1 次印刷
开　　本	670×970　1/16 开
印　　张	12.25
字　　数	125 千字
插　　页	7
定　　价	48.00 元

华夏出版社　地址：北京市东直门外香河园北里 4 号　邮编：100028
网址：www.hxph.com.cn　电话：(010)64663331（转）
若发现本版图书有印装质量问题，请与我社营销中心联系调换。